家庭趣味小课堂

40周识字+22周数学

悦辰妈妈 主编

中国纺织出版社有限公司

图书在版编目（CIP）数据

家庭趣味小课堂：40周识字＋22周数学/悦辰妈妈
主编. -- 北京：中国纺织出版社有限公司，2024.3（2024.6重印）
ISBN 978-7-5229-1474-9

Ⅰ.①家… Ⅱ.①悦… Ⅲ.①识字课－学前教育－教
学参考资料②数学课－学前教育－教学参考资料 Ⅳ.
①G613

中国国家版本馆CIP数据核字（2024）第026466号

责任编辑：范红梅　　特约编辑：张小敏　　责任校对：寇晨晨
责任印制：王艳丽

中国纺织出版社有限公司出版发行
地址：北京市朝阳区百子湾东里 A407 号楼　邮政编码：100124
销售电话：010—67004422　传真：010—87155801
http://www.c-textilep.com
中国纺织出版社天猫旗舰店
官方微博 http://weibo.com/2119887771
天津千鹤文化传播有限公司印刷　各地新华书店经销
2024 年 3 月第 1 版　2024 年 6 月第 2 次印刷
开本：880×1230　1/32　印张：6.5
字数：108 千字　定价：199.00 元

凡购本书，如有缺页、倒页、脱页，由本社图书营销中心调换

前言

　　《家庭趣味小课堂：40周识字＋22周数学》是悦辰妈妈多年教育经验和育儿经验的精华总结，旨在增强家长的教育意识，提高家长培养孩子的能力，更全面地挖掘孩子的优点，弥补孩子的短板，合理规划孩子每个阶段的学习，培养孩子良好的学习习惯和心态。通过家长的陪伴学习，培养孩子的注意力、概括力、思考力、观察力、抗挫力等，同时也可以改善亲子关系，打破"家长无法参与孩子学习，学习只能依靠他人培训"的传统认知，最终达到家长和孩子共同成长的目的。

　　本书适合家长阅读，可为家长提供孩子家庭教育的方法。本书与悦辰妈妈视频课搭配使用可以起到事半功倍的效果，帮助家长学会如何规划孩子每个阶段的学习内容，告诉家长如何为孩子讲解知识、如何记录孩子的学习进展，同时也会帮助家长掌握在学习过程中培养孩子良好的习惯、能力、性格的方法。

悦辰妈妈

2024 年 1 月

目录

识字篇

数学篇

识字篇

40周

框架结构常用字（1）

▶ 第1天　生字

是	的	个	人	我

1　我是一个人

2　我是×××（宝贝一般认识自己的名字）

3　我的妈妈是×××

▶ 第2天　生字

他	她	你	爸	妈

1　他是我的爸爸

2　她是我的妈妈

3　你是他的妈妈

1 我的妈妈好美
2 爸爸是个好人
3 他是个坏人
4 她很小
5 我是大人

▶ 第4天 生字

1 我在家里
2 你的家好大
3 你家在上我家在下

▶ 第5天 生字

1 我爱吃饭
2 爸爸爱喝水
3 他爱在家里吃饭

第2周

框架结构常用字（2）

▶ 第1天 生字

1 我就要吃饭

2 她是你妈妈

3 你要喝水吗

4 我和爸爸不要吃饭

5 妈妈好美

6 饭很好吃

▶ 第2天 生字

1 我的爷爷和奶奶人很好

2 我爱我的哥哥、弟弟和姐姐

3 我和爸爸、妈妈、爷爷、奶奶、哥哥、弟弟、姐姐是一家人

▶第3天　生字

快	慢	高	香	胖

1 我的奶奶很胖
2 他的爸爸很高
3 我吃饭很慢

4 爷爷吃饭很快
5 弟弟吃饭很香

▶第4天　生字

看	做	走	跳	跑

1 我看姐姐在做饭
2 爷爷奶奶走很慢

3 哥哥弟弟跑很快
4 他跳很高

▶第5天　生字

车	树	花	路	草

1 我在爸爸车上
2 树很高，花很香，草很小

3 爷爷和奶奶在走路

第3周

框架结构常用字（3）

▶第1天　生字

1　姐姐和哥哥到了吗
2　弟弟在家吗
3　爷爷和奶奶没有吃饭啊
4　我没有看到弟弟
5　姐姐在跳吗

▶第2天　生字

1　我看见弟弟就笑
2　弟弟很爱说话
3　奶奶说要喝水
4　爸爸说我说话很快
5　你看到我姐姐在哭吗

006

1 我的头和脚好大啊

2 他手上有饭

3 我心里很爱妈妈

4 我的眼里看见了花、草和树

▶第4天 生字

1 我爱红色

2 小草是绿色的

3 妈妈好白

4 爸爸爱黄色

▶第5天 生字

1 我家有一个白色的狗

2 小猫爱吃鱼吗

3 小鸡跑很快

4 树上有小鸟

第**4**周

框架结构常用字（4）

▶ **第1天** 生字

1 他的妹妹会跑了

2 我把弟弟的饭吃了

3 你跟爷爷奶奶走吧

▶ **第2天** 生字

1 你到里面来吧

2 妈妈去他家里了吗

3 弟弟没看到妈妈就会哭

4 他就在我们中间

▶ 第3天 生字

1 我在妈妈的左边

2 妈妈在我的右边

3 爷爷在弟弟和姐姐的中间

4 爸爸在前面走，我在后面走

▶ 第4天 生字

1 天上有很多星星，太美了

2 我在地上看到了太阳

3 花太香了，饭太好吃了

▶ 第5天 生字

1 我是女孩子，他是男孩子

2 哥哥是爸爸妈妈的儿子

3 姐姐是一个好孩子

4 我爸妈有一个儿子和一个女儿

框架结构常用字（5）

▶ **第1天** 生字

1 我和哥哥早上都要喝很多水

2 你们晚上都来我家吃饭吧

3 你能看到太阳吗

4 他可能来得晚

▶ **第2天** 生字

1 弟弟一天要吃很多东西

2 你的东西掉在地上了

3 我和哥哥都很爱吃南瓜和西瓜

4 他家在我家北边，我家在他家南边

1 我们都是好朋友
2 你有多少好朋友
3 我有很多好朋友
4 他的好朋友太少了
5 我和他们是好朋友

▶ 第4天 生字

1 天空中下了大雪
2 我看到了好多朵花，太美了
3 下小雨了，快跑啊
4 天上有一朵朵白云，很好看

▶ 第5天 生字

1 我喜欢吃东西
2 我要快快乐乐、开开心心
3 我喜欢的颜色是红色
4 雪花是白色的，花朵是红色的，小草是绿色的

第**6**周

框架结构常用字（6）

▶ **第1天** 生字

1 晚上，天就黑了

2 天空是蓝色的

3 我喜欢的水果是紫色的

4 水果很香很好吃

5 青青的小草很可爱

▶ **第2天** 生字

1 我每天都去学校

2 学校里有我的同学

3 爷爷每天都开车送我去学校

4 我看到的每一个人都很好

▶ 第3天 生字

坐 站 玩 得 习

1 我坐在家里学习　　3 我得到了一个水果

2 他站在我的面前　　4 我们每天都玩得很开心

▶ 第4天 生字

进 出 点 关 门

1 天空下了一点点雨　　4 你把门关上吧

2 晚上我吃了一点点饭　　5 我要出来和你们玩

3 快点儿进来，我要关门了

▶ 第5天 生字

菜 园 今 明 昨

1 昨天我去菜园子里了　　4 明天我要吃青菜

2 花园里有很多花朵　　5 今天我要多吃水果，多喝水

3 果园里有很多果树

框架结构常用字（7）

▶ **第1天** 生字

冷　热　甜　这　那

1 这个西瓜很甜

2 那个甜瓜很香

3 这个男孩和那个女孩都是
　我的好朋友

4 我要喝热水，不要喝冷水

5 昨天天很热，今天天很冷

6 太阳太大了，我好热啊

▶ **第2天** 生字

夏　春　秋　冬　叶

1 春天到了，树叶和小草都绿了，花儿都开了

2 夏天到了，天气很热，我爱在夏天吃西瓜

3 秋天到了，树叶黄了，果园里的果子可以吃了

4 冬天到了，天气变冷了，天空下雪了

1 妈妈说我们的日子一天天好了

2 山上有很多土

3 田里有很多小草和小花

4 太阳是火热的

1 天上的星星很亮

2 白天天空有圆圆的太阳

3 晚上天空有弯弯的月亮

4 这路好长啊

1 我大声跟妈妈说："我爱你"

2 山上有人在唱歌，那歌声好美啊

3 我不会唱歌

4 听完歌我就要去学习了

框架结构常用字（8）

▶第1天　生字

1　我的嘴很小

2　他喝了一口水

3　我的耳朵听到了歌声

4　他的鼻子又大又长

5　妈妈的牙好白啊

▶第2天　生字

1　地有圆圆的大眼睛

2　爸爸的肚子好大像西瓜

3　妈妈的腿很长，走路很快

4　哥哥的脖子很长

渴　饿　疼　饱　叫

1　我走了很多路，太渴了，喝了好多水
2　我肚子饿了，吃东西后就饱了
3　肚子疼得我都大声叫了
4　我今天腿很疼，跑得很慢

▶ 第 4 天　生字

对　错　事　情　外

1　爸爸每天在外面做事情
2　奶奶每天在家里做很多事情
3　妈妈说我这个事情做得很对，没有做错
4　我对他说了一个事儿，明天我不去学校上学

▶ 第5天 生字

1 奶奶每天都要煮饭

2 我好想和他们出去玩

3 我知道打人是不对的

4 她打开门后就进来了

5 你知道她今天没有来学校吗

框架结构常用字（9）

▶ 第1天 生字

电 视 力 起 生

1 姐姐打开家里的电视看了起来

2 哥哥很高，力气很大

3 爷爷开了一个很大的玩笑，奶奶生气了

4 电视看太多了对眼睛不好，我们要多去外面走走

▶ 第2天 生字

光 灯 椅 桌 房

1 小明看着外面的路灯

2 把房间里的灯关上吧，灯光太亮了

3 我们每天坐在椅子上学习

4 饭桌上有很多好吃的菜

▶ 第3天　生字

床	睡	觉	累	躺

1　奶奶说今天做了太多事情，有点累

2　我每天都很早躺在床上睡觉

3　妈妈对我说："白天累了晚上睡觉就会很香"

4　弟弟在房间里面睡觉

▶ 第4天　生字

自	己	衣	穿	服

1　爷爷跟我说："自己的事情自己做"

2　弟弟会自己穿衣服

3　姐姐今天穿了红色的衣服，好美啊

4　你会自己穿衣服吗

什 么 问 题 目

1 今天我问了妈妈一个问题

2 哥哥跟我说这道题我做错了

3 我喜欢每天都做几道题目

4 你知道那道题目是什么意思吗

框架结构常用字（10）

▶ 第1天　生字

宝	贝	真	假	也

1 每一个孩子都是爸爸妈妈的宝贝

2 这个小宝贝真的好可爱啊

3 我也不知道这个事情是真是假

4 你也喜欢吃水果吗

5 妈妈对我说要说真话不要说假话

▶ 第2天　生字

运	动	身	体	棒

1 运动对人的身体很好

2 爱运动的人力气都很大

3 奶奶每天运动，身体很棒

1 熊猫、鸭、兔子都是动物

2 青菜是一种食物

3 熊猫的身体胖胖的，太可爱了

4 兔子跑得很快

5 鸭子爱吃白菜

1 我家小区很大，我有很多好朋友在这里

2 他喜欢的运动是跳高，我喜欢的是游泳

3 夏天到了，大人小孩都爱游泳

4 我们的国家叫中国，我爱中国

5 小鸟在天上飞来飞去，好快乐啊

▶ 第5天 生字

河 江 溪 海 流

1 我家门口有弯弯的小河

2 长江和黄河都在我们国家

3 小溪慢慢地流进大海

4 妈妈说夏天不要去河里、江里、溪里、海里游泳

5 鱼儿在小溪里游来游去

家里

▶ 第1天　生字

1 妈妈在厨房里煮饭

2 弟弟坐在客厅的沙发上看
　电视

3 她是我们家的客人

4 你不要太大声了，爸爸在
　房间里睡觉

5 我很喜欢在海边玩沙子

▶ 第2天　生字

1 今天的风好大啊

2 奶奶喜欢扇子，我喜欢空调

3 冰箱里有很多好吃的

4 下雪了，路上有很多冰

5 箱子里有一个可爱的小狗

▶ 第3天 生字

1 我们要做讲卫生的好孩子

2 每天我都在家里扫地、擦桌椅，打扫卫生

3 我把桌子擦得干干净净

4 她每天都穿很干净的衣服

▶ 第4天 生字

1 姑姑、伯伯、阿姨都是我的亲人

2 我的姑姑是一个大学生

3 她的阿姨很胖，伯伯很高

4 我每天睡觉前都会亲弟弟一口

婆　公　舅　妹　老

1　妈妈是外婆的女儿，姑姑是奶奶的女儿

2　舅舅是外婆的儿子，伯伯是奶奶的儿子

3　我的舅妈很美

4　我有一个可爱的妹妹

5　太阳公公早上从东边出来

6　我的外公很老了

学校

▶ 第 1 天　生字

| 师 | 幼 | 教 | 接 | 室 |

1 幼儿园里有我亲爱的老师和同学

2 我们都是小孩子，是国家的花朵

3 爷爷每天开车接送我去幼儿园

4 我每天在教室里学习唱歌

▶ 第 2 天　生字

| 书 | 字 | 包 | 笔 | 本 |

1 开学了，我有个好大的书包

2 书包里有笔和本

3 书上有很多不同颜色的字

4 我想要笔和本

5 你看到电视上的字了吗

写 画 读 作 业

1 我每天都要好好写作业
2 我喜欢上画画课和写字课
3 早上，同学都在教室里大声读书
4 你今天做完作业了吗

放 数 语 文 具

1 弟弟有很多玩具
2 放学后我就写作业
3 学好数学要多做题目
4 本子、笔都是文具
5 语文课和数学课我都喜欢
6 你放心，这道题目我能做对

▶ 第5天 生字

| 操 | 场 | 午 | 最 | 努 |

1 我们都要努力学习，做个好孩子

2 我们在教室里学习，在操场上做游戏、做运动

3 每天早上我们都要去操场上做早操

4 中午我们在教室的小床上睡午觉，下午有我最喜欢的点心吃

第**13**周

学习

▶ 第1天 生字

1 今天画画课上，我画了一座山、一只鸟、一条鱼

2 我想和他一块儿玩

3 她吃了我一块面包

4 我的幼儿园里有五位老师

5 小红坐在教室的座位上看书

▶ 第2天 生字

1 教室里很安静，同学们都在认真看书

2 在干净的教室里，我们能安心学习

3 外面太吵了，我都听不见老师上课了

4 老师在上有关安全的课

▶ 第3天 生字

仔	细	马	虎	行

1 仔细一看，书上的字我全都认识

2 小明放学后想去玩，做作业很马虎，妈妈说不行

3 老师说老虎和马都是动物

4 只有仔细读题，才能把题目做对

▶ 第4天 生字

考	试	时	候	过

1 妈妈每周五都会给我考试

2 老师说考试的时候要仔细，不要马虎

3 你试过这样做吗

4 你明天有时间和我一起吃午饭吗

难　容　易　简　单

1 考试有时候很容易，有时候很难

2 考试做到简单的题目要仔细，不要马虎

3 这道题太简单了，我一下子就做出来了

4 那道题对他来说很容易，对我来说很难

购物

▶第1天 生字

买	卖	超	市	板

1 今天我和奶奶去菜市场买菜

2 超市老板说今天鱼卖完了

3 我会自己去超市买玩具

4 老板把衣服卖完了

▶第2天 生字

价	钱	贵	便	宜

1 每一个东西都有自己的价钱

2 超市里有的东西卖得很便宜，有的东西卖得很贵

3 这件衣服太贵了，我真的买不起

4 老板，这个东西的价钱是多少，能便宜一点儿吗

1 我肚子饿了，你有钱给我买东西吃吗

2 今天我和妈妈去超市买菜，用了10元钱

3 超市里有各种各样的东西，我都看不过来了

4 我们明天去菜市场买很多种青菜

1 妈妈说我们要省钱，不要乱花钱

2 我花了6元钱后，还有3元5角，不够买面包了

3 现在是5点，还有1小时就天黑了，我们去超市买吃的

4 5角钱够买一个包子了

▶ 第5天 生字

算　找　给　回　付

1　买东西是很开心的一件事

2　我们要算好东西的价钱

3　我们要把钱付给老板

4　老板会把多的钱找回给我们

5　我们回家后把钱存起来，下回花

厨房

▶ 第1天　生字

1 我吃饭要用到筷子、碗和勺子

2 小动物用盆吃饭

3 奶奶每天用锅做菜

4 筷子、碗、锅、勺子、盆都放在厨房里

▶ 第2天　生字

1 早上妈妈去菜市场买菜，爸爸付钱后把菜装进袋子里

2 妈妈累了，我给妈妈洗了很多菜

3 奶奶在厨房里切菜、炒菜

4 我们一家人开心地吃起了美味的午饭

▶ 第3天　生字

油　盐　米　汤　淘

1　多放点水，我喜欢喝汤

2　做菜煮汤要用油和盐

3　弟弟很淘气，喜欢玩大米

4　大米用水淘好后，放到锅里煮

5　厨房里没有油和盐了，妈妈让我去超市买

▶ 第4天　生字

酸　辣　咸　淡　苦

1　昨天的汤太淡了，今天多放点儿盐，我想喝咸一点儿的汤

2　酸辣汤真的很好喝

3　我不喜欢吃辣的菜

4　西瓜很甜，苦瓜很苦，我不喜欢吃苦瓜

糖　肉　熟　豆　蔬

1 多吃蔬菜对我们的身体有好处

2 吃太多糖对身体不好

3 今天的青豆炒得很咸

4 肉太香了，我吃了两碗饭，饭后洗了碗

5 今天的菜没有炒熟，吃了会肚子疼

运动

▶ 第1天　生字

足　球　篮　乒　兵

1　我爱玩足球、篮球和乒乓球

2　小明路过超市买了一个菜篮子

3　有好多男孩子在篮球场上打篮球

4　叔叔阿姨在打乒乓球

▶ 第2天　生字

踢　拿　丢　落　追

1　小明拿了一个足球，去操场上踢足球

2　他跑得太快，我追不上他就落后了

3　我昨天丢了一个乒乓球，妈妈帮我找回来了

▶ 第3天 生字

1 天太冷了，我们要运动起来，不要躲在家里

2 弟弟每天都要坐摇摇车、躲猫猫还有拍球

3 妹妹躲在门后面，我们找不到

4 我们滚了一个很大的雪球，还堆了一个可爱的雪人

5 上篮球课要站在操场上，真的太冷了

▶ 第4天 生字

1 你跑步是第几名

2 我跑得太慢了，是最后一名，一点儿也不高兴

3 操场上有几个人在打篮球

4 没有人在打篮球，他们在踢足球、跑步

▶ 第5天 生字

赢	输	伤	比	赛

1 昨天哥哥赢了篮球比赛，我太高兴了

2 妈妈说输了比赛就下次努力，不要太伤心了

3 哥哥跳得比我高，我跑得比他快

4 哥哥在跳高比赛中得了第一名

四季

▶ 第1天　生字

1　一年有春、夏、秋、冬四个季节

2　每个季节都是不一样的

3　每个季节都静悄悄地来，静悄悄地走

4　我们要用心去发现世界的美

5　每个季节都有不同的美

6　让我们来看看四季有多美

▶ 第2天 生字

温 暖 变 嫩 芽

1 冬爷爷走了，春姐姐来到了我们身边

2 天气暖和起来，太阳也很温和

3 春风暖暖地吹着，大地变得很有生气

4 小草芽儿嫩嫩的，树叶绿绿的，五颜六色的花都开放了

5 小溪的冰变成水了，唱着歌儿欢快地流着

6 燕子飞回来了，睡觉的动物们都出来了

7 春天真是美好

▶ 第3天 生字

湖 汗 粉 炎 荷

1 夏天是一年中最炎热的时候

2 太阳火辣辣的

3 一出门就热得流汗，人们只想躲到房子里吹空调

4 小朋友可开心了，可以吃冰棒、西瓜，还可以游泳

5 湖里开着一朵朵粉嫩嫩的荷花，鱼儿躲在圆圆的、绿绿的荷叶下面

丰　收　金　稻　片

1　秋天是个丰收的季节

2　果园里的水果都熟了

3　一眼看过去，田里一片金黄金黄的稻子，山上有各种各样的颜色

4　树上的叶子落了下来，一片片在空中飞呀飞

5　叶子回到了大地妈妈身边

鹅　毛　棉　软　眠

1　冬爷爷来了

2　天气变冷了，人们都穿上了厚厚的衣服

3　冬爷爷给大地下了一场鹅毛大雪

4　雪花一片一片在空中飞

5　世界变白了，像一床棉花被，白白的、软软的

6　小朋友们在外面堆雪人、滚雪球

7　很多小动物们都躲起来冬眠了

8　小朋友白天玩累了，晚上睡眠可好了

水果

▶ 第1天 生字

成　闻　尝　挂　摘

1 秋天的果园是丰收的地方

2 我喜欢去果园里摘水果

3 水果都成熟了，挂在树上

4 水果闻起来香香的，尝起来有的酸有的甜

▶ 第2天 生字

农　民　让　脸　带

1 看到丰收的果园，农民伯伯脸上乐开了花

2 大家一边唱歌，一边摘挂在树上成熟的果子

3 伯伯让我带点美味的水果给爸爸妈妈尝一尝

苹 橘 蕉 梨 柿

1 一个个大大的苹果挂在树上

2 橘子酸酸甜甜的

3 香蕉是黄色的，尝起来很甜很软

4 梨也是黄色的，我最喜欢吃

5 柿子像小朋友的脸，红红的，真可爱

▶ 第4天 生字

葡 萄 串 石 莓

1 葡萄像一串串紫色的宝石

2 红红的草莓躲在绿色的叶子下面

3 我和妹妹摘了一篮子草莓，送给爷爷奶奶尝一尝

▶ 第5天 生字

咬 辛 劳 些 蜜

1 我咬了一口水果

2 我笑得很开心，像吃了蜜一样甜

3 这些是农民伯伯辛苦劳动得来的

4 劳动让我们的生活变得美好

第19周

交通

▶ 第1天　生字

停　交　通　等　再

1　我们出门在外要看交通灯

2　红灯停，绿灯行，黄灯行人要小心

3　等车通过后，我们再走

▶ 第2天　生字

危　险　卡　货　汽

1　路上有很多汽车，很危险

2　看到大货车和大卡车要小心

3　在马路上，不要做危险的事情

▶ 第3天　生字

机	远	近	离	以

1　飞机可以飞得很快，路很远的时候就坐飞机

2　走路是最慢的，路很近的时候就走路

3　我们在马路上要远离大货车，这样可以安全一些

▶ 第4天　生字

急	着	忙	赶	如

1　如果我们急着赶路就可以坐飞机

2　如果你不累，我们就自己开车回家

3　他急急忙忙坐车走了

4　如果他不那么急忙赶路就不会有危险了

注 意 信 号 次

1 妈妈写信对我说，过马路要注意安全

2 我们每次过马路都要看交通信号灯

3 你晚上开车要注意安全

健康

▶第1天 生字

健	康	病	痛	受

1 我们要多运动，这样身体就会更健康

2 生病的时候要多休息

3 我吃错东西了，肚子很痛，很难受

4 我想要奶奶健健康康，不要生病，不要难受

▶第2天 生字

医	院	药	针	住

1 他生病了在医院里面住院

2 医生说他每天都要打针、吃药

3 我不想生病，吃药太苦了，

打针太痛了

4 他的病好了以后就可以离开医院了

1 我生病的时候，妈妈天天在我身边，我很感动

2 感冒会让人头痛。要多躺在床上休息，按时吃药

3 只要按医生说的做，病就能好得快

4 今年我感冒三次了

▶第 4 天 生字

1 如果我们多喝牛奶，多吃新鲜的蔬菜，就能更健康

2 牛奶对身体很好，可以让我们变强壮

3 妈妈每天都让我喝牛奶

4 这些蔬菜不新鲜了，妈妈说吃了容易生病

▶ 第5天 生字

| 凉 | 重 | 咳 | 嗽 | 轻 |

1 他一边咳嗽一边轻声对我说他得了重感冒

2 感冒的时候不要喝凉水，要喝热水

3 咳嗽会让人很难受

4 我们要离感冒的人远一点，离得太近我们自己也会得感冒

情绪

▶ 第1天 生字

| 激 | 摆 | 害 | 怕 | 平 |

1 弟弟第一次去游乐场坐摇摆车，他真的太激动了

2 妈妈对我太好了，我感动得要哭了

3 这个房子平时很黑，我很害怕

▶ 第2天 生字

| 骂 | 泪 | 刚 | 脑 | 筋 |

1 小明妈妈说他做题目不动脑筋

2 妈妈刚刚生气了，凶骂了他

3 小明听完后很伤心，说下次会多动脑筋

4 他激动地流出了眼泪

▶ 第 3 天　生字

死	悲	世	界	活

1　妈妈的奶奶生病去世了

2　妈妈很悲伤，不停地流眼泪

3　爸爸说每个人都会离开这个世界

4　我们要用心去生活，快乐地过完这一生

5　我们不要害怕死去的那一天

▶ 第 4 天　生字

分	特	别	但	才

1　小明听课不认真，不知道老师在讲什么

2　他考试才得了20分

3　他妈妈知道后特别生气，骂了他

4　小明哭得十分伤心

5　但是小明明白了，只有好好学习，考试才能得高分

奇 怪 委 屈 歉

1 我和小明两天没有说话了，老师感到很奇怪

2 我错怪小明了

3 小明委屈地流泪了

4 我向小明道歉，他开心地笑了

第 **22** 周

优点

▶ 第 1 天　生字

胆	吓	勇	敢	遇

1 我小时候胆子很小，害怕一个人在家

2 我听到一点风吹草动，都觉得很吓人

3 妈妈说我是一个男孩子，要勇敢

4 我遇到困难变得很有勇气，我成了一个勇敢的人

▶ 第 2 天　生字

于	告	诉	帮	助

1 放学的时候，我看到前面老奶奶的钱包掉了

2 于是，我赶忙走上前去，告诉她这件事

3 老师告诉我们要做一个乐于助人的人

4 当我们遇到困难时别人也会来帮助我们

▶ 第3天 生字

1 我和妈妈坐车去外婆家

2 我们遇到了一个坏人，他身上有一把刀

3 我想到了一个好办法，我悄悄地打电话给警察叔叔

4 警察叔叔把坏人带走了

▶ 第4天 生字

1 当别人帮助了我们时，我们要对别人说谢谢

2 当我们做错事情时，我们要诚实地告诉别人

3 当我们伤害别人时，我们要真诚地说声对不起

4 当我们捡到东西时，要诚实，要交给警察叔叔

▶ 第5天 生字

坚 定 聪 善 良

1 当遇到伤心的事情时，我们一定要坚强

2 只有自己强大了，我们才能站起来

3 我们每个人都可以做一个善良的人，每个人都有善良的心

4 老师说我是个聪明的孩子，遇到问题时能自己开动脑筋想到
好办法

工作

▶第1天 生字

工　班　入　勤　结

1　当我们长大以后就要去工作

2　妈妈每天都要去上班

3　上班才会有收入，勤劳才会有好的结果

4　如果不付出劳动，就不会有收入

▶第2天 生字

员　困　救　保　护

1　遇到困难时，有很多人员来救我们

2　有了他们的帮助和保护，我们一点都不害怕了

▶ 第3天　生字

消　防　战　士　祖

1　世界上有很多种工作

2　农民伯伯是种地的

3　医生是给病人看病的

4　护士是看护病人的

5　消防员是救火的

6　战士是保卫祖国、保卫人民的

7　他们都是善良勇敢的人

▶ 第4天　生字

司　科　迟　务　递

1　司机叔叔开车接送我们上学放学

2　老师说科学家都很聪明，特别爱动脑筋

3　服务员让我们生活更美好

4　快递员叔叔每天都要去不同的小区送货

5　我们上学和他们工作一样，都不能迟到

1　每一个平凡的人都可以很伟大

2　我们要做对社会有用的事

3　我们每个人都要珍惜自己的工作

动物

▶第1天 生字

养	喂	村	猪	羊

1 我们家养了好多动物

2 农村的大伯家养了鸡、鸭、鹅、兔、猪、羊

3 猪肉有很多种做法

4 我小时候妈妈喂我喝羊奶和牛奶

▶第2天 生字

池	塘	蛙	虫	蚊

1 夏天的时候，池塘里有很多青蛙在叫

2 溪水流过池塘，池塘就有水了

3 青蛙会吃虫子和蚊子

4 青蛙是农民的好朋友

1　奶奶家的母羊生了好几只小羊

2　我捉住了一只虫子

3　快过年了，农村奶奶家会杀猪给我们吃

4　有些虫子是害虫，有些虫子是益虫

5　珍惜粮食是有益的事情

1　我喜欢看的动画片有《猫和老鼠》《喜羊羊与灰太狼》

2　外婆家养了一只灰色的猫，它很会抓老鼠

3　每天睡觉前妈妈都会给我讲《猫和老鼠》的故事

4　羊害怕的是大灰狼，但是大灰狼害怕狗，养羊的人都会养狗

▶ 第5天 生字

昆 蝴 蝶 蜻 蜓

1 蜻蜓、蝴蝶都是昆虫

2 秋天到了，树上的叶子落下来，像一只只黄色的蝴蝶

3 蜻蜓喜欢停在荷叶上面

4 蜻蜓是一种益虫

植物

▶ 第1天 生字

植　然　木　林　森

1 大自然里有很多植物和动物

2 有很多树木就变成了树林

3 有很多的树林就变成了森林

4 森林里住着很多小动物，
　这是它们的家园

▶ 第2天 生字

丛　野　原　神　库

1 大自然是一个神奇的宝库

2 我们在野外可以遇到很多动物和植物

3 很多小昆虫躲在草丛里

4 我们打算今年去大草原玩

▶第3天 生字

| 许 | 萝 | 卜 | 茄 | 菠 |

1 蔬菜、水果、花、树木都是植物

2 我爱吃的蔬菜有许多，特别是萝卜、茄子、菠菜

3 萝卜炒肉太美味了，菠菜汤也很好喝

4 茄子和葡萄都是紫色的

▶第4天 生字

| 茂 | 密 | 丝 | 玉 | 麦 |

1 茂密的树林后面有一块菜地

2 地里种着丝瓜、玉米和小麦

3 丝瓜长长的，可以煮丝瓜汤喝

4 小麦成熟的时候是金黄色的

第5天 生字

杨 柳 竹 桂 梅

1 我的名字里有一个杨字，是杨树的杨

2 春天到了，柳树发芽了，柳树的叶子是长长的

3 风吹过竹林，像唱着好听的歌

4 桂花是八月份开放的，特别香

5 梅花最不怕冷，它是冬天开放的

第26周

庆祝

▶ 第 1 天　生字

岁　期　蛋　糕　礼

1　小朋友们一年长大一岁

2　过生日的时候会吃生日蛋糕，收到礼物

3　小明的生日在下个星期，我想好了送他什么礼物

4　蛋糕是用鸡蛋、面粉和牛奶做的，上面有奶油，甜甜的

▶ 第 2 天　生字

希　望　愿　蜡　烛

1　我希望今年生日时能收到很多礼物

2　妈妈给我买了一个可爱的狗狗蛋糕

3 每年生日时我都要点蜡烛，然后许愿、吹蜡烛

4 我的愿望是希望自己考试能考出好分数

▶第3天 生字

1 爷爷过80岁生日了，我们要办一场酒席来庆祝一下

2 我们给爷爷唱生日歌，祝福他身体健康

3 小明哥哥考上了大学，我们都要去喝喜酒

4 爸爸要去喝喜酒，我们告诉他开车不能喝酒，喝酒就不能开车

▶第4天 生字

1 哥哥结婚了

2 我们全家人都非常高兴

3 哥哥拍了好看的结婚照片，我们也拍了全家福

4 我们要记住这个高兴的日子

▶ 第5天 生字

| 请 | 忘 | 漂 | 微 | 松 |

1 当我们难过的时候请不要忘记生活中还有很多可以庆祝的好事

2 我们要对自己微笑，让自己放松下来

3 我每天都穿得很漂亮

4 我们对生活微笑，生活也会对我们微笑

意外

▶ 第1天 生字

1 生活中到处都有意外

2 有些意外是惊喜，有些意外是惊吓

3 有时我们思念一个人，就会在路上碰到他

▶ 第2天 生字

1 今天发生了好几件意外的事情

2 前些天丢掉的笔在草丛里找到了

3 妈妈本来以为蛋糕可以做成功，结果失败了

4 妈妈说没关系，不是每次都会失败，这次失败下次可以成功

▶ 第3天 生字

| 应 | 该 | 怎 | 粗 | 杯 |

1 我们应该怎么做才不会发生意外呢

2 我们做事的时候应该要仔细，不要太粗心

3 我们出门时不要忘记带水杯

4 我们出门时记得要关好门

▶ 第4天 生字

| 散 | 晕 | 摔 | 倒 | 爬 |

1 奶奶在河边树林里散步的时候发生了意外

2 她头很晕，重重地摔倒在地上

3 她怎么都爬不起来

4 有人看到后帮她打了电话

经　因　为　所　搞

1　小明经常吹牛说他做事很仔细

2　结果到处都是意外

3　因为他不是忘记这个，就是忘记那个

4　他实在是太搞笑了，所以我们经常笑得停不下来

游玩

▶ 第 1 天 生字

筝	拉	线	断	破

1 春天我们喜欢去野外放风筝

2 在草地上，春风一吹，我们拉着风筝跑，风筝就飞起来了

3 风太大了，风筝的线断了

4 哥哥拉着我找到了掉落在地上的风筝，它被风吹破了

▶ 第 2 天 生字

钓	哪	晒	皮	盯

1 没事的时候爸爸特别喜欢去钓鱼

2 哪怕是最热的夏天他也要出去钓鱼，皮肤被晒得很黑

3 爸爸一直盯着湖面，湖水动了就开始拉鱼线

1 星期天爸爸妈妈经常带我和妹妹去动物园里玩

2 动物园里有凶猛的狮子和老虎，它们很凶，我们不敢走得太近

3 动物园里还有温和的山羊、小白兔

4 猴子是最机灵的，它们灵活地在树上跳来跳去

1 妈妈最爱逛街

2 她喜欢买各种各样的衣服

3 妈妈还喜欢带我们去温泉里玩耍

4 温泉的水是不能喝的

5 在温泉里泡澡一点儿都不冷

▶ 第5天 生字

| 舞 | 闹 | 极 | 戏 | 逗 |

1 奶奶喜欢热闹，她喜欢出去跳舞

2 爷爷喜欢安静，他喜欢在公园里打太极

3 爷爷有时还会一个人去听戏、逗鸟

4 每个人的生活都幸福极了

自立

▶ 第1天 生字

1 每个人都要学会自立

2 自立就是自己的事情自己做，不要依靠别人

3 依靠谁都不如依靠自己

▶ 第2天 生字

1 我们要每天刷牙，保护自己的牙齿

2 衣服脏了，我们要自己洗

3 球鞋脏了，我们要自己换鞋，自己刷鞋子

4 自己做这些事情都叫作自立

▶第3天 生字

窗	暗	帘	闭	被

1 我第一次一个人在家时有点害怕

2 那天晚上窗外慢慢暗下来了，最后变黑了

3 我对自己说不要怕，要勇敢

4 我走到窗边把窗帘拉好

5 我躲到被子里闭上眼睛睡觉了

▶第4天 生字

讨	厌	背	愤	怒

1 小明每天都要妈妈帮他提书包，他讨厌自己背书包

2 妈妈说小明做得不对，他很愤怒

3 小明看到比他小的小朋友都自己背书包后，他知道自己应该要
  自立了

▶ 第5天 生字

1 我们每天都要把垃圾倒掉

2 我们要整理自己的房间，不然会像垃圾堆一样乱

3 用完的东西要放回原来的地方

4 我们要把自己的房间打扫干净，整理得整整齐齐

天气

▶ 第1天　生字

潮	湿	户	燥	化

1　一年四季的天气都不同

2　夏天很潮湿，我们晚上要记得关窗户

3　春天和秋天很干燥，我们需要多喝水

4　冬天雪化了会很冷，我们要盖上厚厚的被子

▶ 第2天　生字

阴	雷	响	醒	清

1　春天很多时候都是阴雨天

2　有时晚上会听到春雷的响声，大地醒了过来

3　春雨过后，空气十分清新

1 夏天经常会下大暴雨

2 天空中的朵朵白云，一下子就变成了乌云

3 闪电、雷声让人害怕

4 人们打着伞，快步在路上跑着，衣服也容易被雨打湿

5 一场大雨过后，池塘里的水满了，青蛙高兴地叫着

▶ 第 4 天　生字

1 秋天美好极了，天气非常凉爽

2 秋天的天空总是很晴朗，让人心情很好

3 秋天的夜空也很美，有星星在闪

4 秋风吹来，让人神清气爽

▶第5天 生字

寒 冻 积 深 浅

1 冬天很寒冷，手冻得很红

2 冬天有时候会下大暴雪

3 房顶上都是厚厚的积雪

4 深深浅浅的水池都会冻成冰

旅游

▶ **第1天** 生字

1 祖国有很多风景很好的地方

2 我们全家经常去旅游

3 买票后，我们可以去景点参观，还能吃到不同的美食

▶ **第2天** 生字

1 寒假时我们准备全家一起去旅行

2 我们要预定好乘坐的车票，我们打算乘坐火车

3 我们要提前想好旅游的路线，每次出门都有很多的行李

4 我可以在火车上预习下学期的课本

▶ 第3天 生字

1 假期出去旅游的人特别多，都快把我"挤扁"了

2 在外旅行，最怕找不到厕所

3 有一次找不到厕所，弟弟的屎尿都拉在身上了

▶ 第4天 生字

1 出门旅游时要特别注意安全，事事留心

2 不要让小偷偷我们的东西

3 我们要把贵重物品锁好

4 我们不要轻易给陌生人开门

1 旅游就是离开自己的家乡去别人的家乡参观

2 我们一定要尊重当地的习惯

3 改变他们的习惯，是对他们的不尊重

4 返回来后，我们要整理自己的照片

合作

▶ 第1天 生字

剩 独 孤 无 聊

1 当只剩下一个人在家的时候，我们会感到孤单、无聊

2 一个人在家时，没有人跟我聊天

3 和别人聊天会让人更开心

▶ 第2天 生字

量 选 择 团 合

1 一个人的力量是很小的

2 我们要选择和别人合作

3 大家团结起来，我们就能够打败所有的困难

4 团结的力量是伟大的

1 打仗的时候，战士们很英勇也很团结

2 要相信我们的战友，不能单打独斗

3 只有大家团结合作，才能变强大，才能打败凶猛的敌人

1 今天的广播体操比赛特别精彩

2 大家都很团结，动作统一整齐

3 我们赢得了比赛第一名

4 团结就是力量

▶ 第5天 生字

紧 张 胜 利 抱

1 接力赛的时候，第一棒的小明太紧张摔倒了

2 后面的同学赶紧追了上去

3 我们打败了对手，取得了胜利

4 老师激动地抱住了我们

兴趣

▶第1天 生字

周　围　趣　连　退

1 周围有很多兴趣班倒闭了

2 我不用忙得跟打仗一样，连吃饭、写作业都没时间

3 退掉兴趣班的课程，对我们这些孩子来说是一件好事

▶第2天 生字

象　棋　夸　赞　奖

1 我下象棋特别棒

2 有时跟爸爸下三个回合都是我赢

3 爸爸夸赞我是个高手

4 下次象棋比赛我一定要拿个大奖回来

▶ 第3天 生字

富	贫	穷	展	充

1 不管是富有还是贫穷，我们都可以有自己的兴趣

2 有人喜欢养动物有人喜欢种花

3 我们应该努力发展自己的兴趣

4 生活充满活力，因为每天都有你喜欢做的事

▶ 第4天 生字

城	笼	越	更	梦

1 城市里的孩子很多时候就像笼子里的小鸟，不能跟很多人玩

2 他们越来越想像农村的孩子一样，有更多时间做自己喜欢的事情

3 与上兴趣班相比，他们更想实现自己的梦想

愚 蠢 笨 底 求

1 我们不应该说别人愚蠢、笨

2 每个人的兴趣是不一样的

3 有些事他比不上你，但别的事可能比你做得更好

4 我们在心底要坚定地追求自己的梦想

数学

▶ 第1天 生字

加	减	除	计	答

1 数学中有很多的计算

2 我会做加法、减法、乘法、除法

3 老师提出的问题，我都会回答

▶ 第2天 生字

共	术	继	续	厉

1 老师告诉我，求"一共有多少"要用加法

2 做算术题时，我不是口算就是笔算

3 算错后我会继续加油，算到对才会停下来

4 老师夸我很厉害

1 当我们拿到数学题时，首先要认真读题，不能看错题

2 我们要先列式子再计算

3 口算不出来，就在草稿纸上笔算

4 还要记得写单位和"答"字

1 做完题目一定要记得检查

2 如果漏题后果很严重，会扣很多分

3 老师发现我们漏题的话会很严厉地批评我们

4 我们一定要多多提醒自己检查题目

▶第5天 生字

表	扬	批	评	抄

1 如果我认真检查题目，妈妈会表扬我，还给我奖品

2 如果我不小心漏题，妈妈会批评我，还会让我抄试卷

童话

▶第1天 生字

1 童话故事很多都是用"从前"开头的

2 童话书里面有漂亮的公主和王子

3 在童话里，好人都是有好报的，坏人都没有好下场

▶第2天 生字

1 从前有一个贫穷的灰姑娘，神秘的仙女送给她一双漂亮的水晶鞋

2 仙女给马车和动物们用了魔法

3 灰姑娘参加了王子的酒会，和王子幸福地生活在一起

▶ 第3天　生字

柴	瘦	怜	堂	永

1　《卖火柴的小女孩》是一个很悲伤的故事

2　瘦瘦的小女孩在新年的前一夜，一个人在街上卖火柴

3　没有人买小女孩的火柴，她很可怜

4　第二天人们发现她已经死了

5　她去了天堂和奶奶永远生活在一起了

▶ 第4天　生字

井	捞	悔	丑	臭

1　从前有个公主在井边玩金球，金球掉到了井里

2　青蛙帮公主捞起了金球，要和公主做朋友

3　公主后悔了，她不喜欢又丑又臭的青蛙

4　青蛙变成了王子，和公主生活在一起

讲　久　矮　镜　谎

1 《白雪公主》讲的是很久以前的善良美丽的白雪公主的故事

2 魔镜不会说谎，它告诉坏王后白雪公主才是最美丽的人

3 王后让人去杀白雪公主，七个小矮人救了白雪公主

4 最后白雪公主过上了美满幸福的生活

服装

▶ 第1天 生字

脱	袄	叠	柜	泥

1 天气热了，妹妹脱下了厚厚的棉袄

2 妈妈把棉袄洗好，晒好后叠起来放进衣柜里

3 妹妹穿上了粉色的裙子，像个小公主，却掉进了泥水中

▶ 第2天 生字

顽	弄	拦	尾	巴

1 去年旅游的时候，一只顽皮的猴子用尾巴拦住了我们的路

2 它把泥巴弄到妹妹粉色的公主裙上

3 妹妹的裙子脏了，还被这顽皮的猴子吓了一跳

1 冬天来了，天气冷了．我们需要戴上帽子和围巾

2 现在感冒流行，我们需要戴口罩

3 我忘记拿帽子和围巾了，你能帮我带过来吗

1 秋天穿两件衣服就够了，一件外套再加一件内衣

2 男孩子都穿裤子，女孩子喜欢穿裙子

3 很多时候外套和裤子是一套买的

▶ 第5天 生字

袜 短 搭 配 适

1 袜子有长袜和短袜

2 他今天穿着深色的足球袜，搭配浅色的球鞋

3 他的球鞋看起来很舒服

4 在不同的季节我们要穿合适的衣服

图形

▶ 第1天 生字

1 做数学题时可以借助画图来帮助思考

2 数学书上有不同形状的图形

3 线条可以借助尺子来画

▶ 第2天 生字

1 走在路上时，需要看路边的箭头方向

2 尺子可以画直线，也可以画正方形

3 眼前这条笔直的小路一直通向村外

▶ 第3天 生字

1 这是一个精彩有趣的游戏

2 我们先要抱头在地上转3圈，然后按箭头的顺序找到方向

3 游戏中的图案都是不一样的

▶ 第4天 生字

1 这张纸上的图案画歪了

2 我找到了56页上的那张贴纸

3 妈妈让我把号码贴到那页纸上

4 这个页码搞错了

符　迷　宫　探　刺

1　寒假的时候我们去迷宫探险了，真是太刺激了

2　迷宫里有各种各样有趣的图案

3　迷宫里还有各种奇奇怪怪的符号

4　它们能帮助我们走出迷宫

军事

▶ **第1天** 生字

1 我的弟弟是一个军事迷

2 现在的武器都很先进，但是古时候可是很落后的

3 古时候在战场上打仗时，用刀较量，用刀去刺杀敌人

▶ **第2天** 生字

1 战士们用又尖又锋利的刺刀去对付敌人

2 现在我们有了很多新武器

3 炮弹、手枪、机关枪杀伤力很大

4 子弹飞得特别快，眼睛都看不清

1 坦克是一种重要的现弋军事武器

2 它的重量有很多吨

3 它有着无比坚硬的外壳，子弹都不能打穿

▶ 第4天 生字

1 现代和古代的战争都很残酷

2 战争的死伤很惨重，要付出极大的代价

3 我们要珍惜和平，不要轻易地发动战争

▶ 第5天 生字

博	馆	船	轮	胎

1 军事博物馆里放着很多武器

2 有的是以前的战船或者各种军事用车的轮胎

3 图书馆里有很多军事书

4 军事博物馆真是一个神奇的地方

古诗

▶ **第1天** 生字

1 妈妈对《静夜思》有疑问，于是我背给她听

2 床前明月光，疑是地上霜。举头望明月，低头思故乡

3 这首诗写的是诗人对家乡的思念

▶ **第2天** 生字

1 小明三岁就会背古诗

2 离离原上草，一岁一枯荣。野火烧不尽，春风吹又生

3 我夸小明聪明，他很骄傲

▶ 第3天 生字

1 "春眠不觉晓"的"觉"跟睡觉的"觉"读音不一样

2 《春晓》是一首优美的古诗，它是一个优秀的诗人写的

3 《春晓》说的是春天人特别喜欢睡觉，不容易觉醒，到处都可以听见鸟的啼叫，一夜风雨过后，花落了一地

▶ 第4天 生字

1 有许多描写珍惜粮食的古诗

2 每一餐饭、每一粒粮食都来得很辛苦

3 我们一定不能浪费粮食

4 浪费粮食对不起农民伯伯的辛苦劳动

锄　禾　滴　盘　皆

1　锄禾日当午，汗滴禾下土。谁知盘中餐，粒粒皆辛苦

2　农民伯伯种田时很辛苦，汗水像雨滴一样流下来

寄语

▶ 第1天　生字

1　亲爱的小朋友们，我们很快就和爸爸妈妈学完1000个字了

2　你已经不再是什么都不知道的小宝贝了

3　我们用努力拿到了打开知识宝库的钥匙

4　你懂的知识一天比一天多，你真棒

▶ 第2天　生字

1　知识让我们有了飞向蓝天的翅膀

2　知识让我们有了遨游海洋的大船

3　知识让我们有了走出森林的指南针

段　蜂　寻　滋　命

1 在过去这段学习的岁月里，你如同一只勤劳的小蜜蜂，寻找着最美的花朵

2 你做出了甜滋滋的蜂蜜

3 你通过努力所懂得的每一件事都会滋养你生命的每一天

▶ 第4天 生字

止　反　复　休　息

1 知识是无穷无尽的，你要记得谦虚，不能骄傲

2 爸爸妈妈不能一直和你一起学习，你要学会自己预习，反复学习

3 你要学会反复思考很多的问题

4 如果你累了可以休息一会儿，但是不能停止太久哦

▶ 第5天　生字

挫　折　态　智　慧

1　爸爸妈妈真诚地祝福你

2　在未来的人生路上，当你遇到悲伤、愤怒、不公、挫折、失
　　败，看尽悲欢离合，人生百态时，不要忘记你所学会的坚
　　强、冷静、善良、勇敢、智慧

3　爸爸妈妈祝你永远不会迷路，做你喜欢做的事，实现你的梦想

4　祝愿你永远做一个简单、优秀、快乐、美好的孩子

宝贝的生字存折

家长可参考下表，为宝贝制订生字学习计划。

日期	学习内容	不容易掌握的字
年　月　日	是、的、个、人、我	
年　月　日	他、她、你、爸、妈	
年　月　日	大、小、美、好、坏	
年　月　日	上、下、里、家、在	
年　月　日	爱、吃、喝、饭、水	
年　月　日	复习本周内容	
年　月　日	休息	

数学篇

22周

熟悉 100 以内的数字

教学目的

家长不仅要确保孩子会数1~100，培养"数感"，还要从一开始就训练孩子的灵活性，好的思维习惯对以后的学习至关重要。

家长第 **1** 次教学

教学内容 教会孩子数 1~100，但不要求全部会写

教学方法： 有一些数学基础的孩子，可以让他自己数数，多肯定孩子，这样可以给孩子一个好的开始。对于没有基础的孩子，建议家长带着孩子一起数到 30，反复练习，寻找规律，培养孩子举一反三的习惯和能力。对于已经熟练掌握数数的孩子，家长可以提前结束授课，让孩子意识到，优秀可以使自己获得更

多的自由时间。对于"数感"特别差的孩子，教学内容可以分两次完成，保证每次的教学时间在 15 分钟以内，切不可在孩子掌握不扎实的情况下追求进度，或者随意增加孩子的学习时间。

家长第 2 次教学

教学内容 复习数 1~100

教学方法： 先让孩子数一遍 1~100，如有问题就继续巩固，没有问题就挑一个随机的数字起个头，比如 38，然后让孩子接着数，随时可以喊停，这样可以很好地锻炼孩子的反应能力和熟练度。

认识数字的前后和大小关系

教学目的

帮助孩子明白数字的前后和大小关系，为后面教授加减法做铺垫，同时有利于培养孩子的灵活性和反应能力。

家长第 **1** 次教学

教学内容 认识数字的前后和大小关系

教学方法： 先把数字 1~10 写到黑板上，让孩子指出最前面的是谁。指着 5 和 6 两个数，让孩子说出谁在谁的前面，谁在谁的后面，说错了就及时纠正。引导孩子多做几组练习，直到分清楚数字的前后关系，然后随便挑出两个数字，让孩子分出哪个在前哪个在后，再凭感觉说出谁大谁小。实际上，小孩子基本上是分得清 3 和 5 谁大谁小的。我们的目的是希望孩子通过学习 10 以内的数字关系，能够判断出 10 以外的数字的大小关系，让孩子知道在前面的数字比后面的数字小。10 以内的数字逻辑没有问题后，可以随机挑选其他几组数字进行大小比较，比如 25 和 39 等。

家长第 2 次教学

教学内容 复习数字前后和大小关系

教学方法：在黑板上板书 1~10，留几个空让孩子自己说或者填写，如 1、（ ）、3、4、5、（ ）、（ ）、8、9、（ ），若孩子说错了就给予纠正。然后把数字填空的范围扩大一点，比如让孩子说出 37 的前一个数字是谁，45 的后一个数字是谁。数字前后关系搞清楚后，再进行大小关系的复习，挑选 2~3 组进行练习，如 18 和 33，39 和 28，56 和 49，让孩子说出谁大谁小，反复练习几组。

10 以内的加法

教学目的

让孩子从根本上明白加法的含义，通过对数字前后、大小关系的掌握，让孩子摆脱数手指做加法的方式。

家长第 1 次教学

教学内容 掌握加法的核心是增加变大

教学方法： 通过几个简单的、孩子非常熟悉的生活场景，切入加法的概念，具体互动方式参考如下。

妈妈：宝贝儿，你现在有 2 颗糖，假如妈妈再给你加 1 颗，你有几颗呢？

孩子：3 颗。

妈妈：所以你看到了吗，2加上1后，就往后面数一个，变大了，等于3。（黑板上同步板书 2＋1＝3）如果是2加上2，宝贝儿你说要往后面数几个呢？

孩子：数2个。（跟着孩子一起数3、4。因为很多孩子刚开始数数时，会习惯从2开始数起，我们通过示范让孩子明白要从后面那个数字开始数，如果孩子不自觉地用手指来帮忙数，我们尽量鼓励其不要用，告诉他慢一点也没有关系）

妈妈：所以 2＋2＝4。（再出几道题，如 5＋2、6＋3 等。如果孩子出错了就帮忙纠正，直至做对为止）

妈妈：宝贝自己来说一下加法应该怎么做呢？

答案 加上几就是从它的后面数几个数。只要孩子表达出相近的意思即可，如果孩子不会概括，家长自己先说一遍，再鼓励孩子复述一遍。前期孩子不敢、不会概括是正常现象，家长多引导、多鼓励孩子进行复述和概括，能够极好地培养孩子的专注力和思考力，能复述出来就说明孩子在专心听课。

家长第 2 次教学

教学内容 复习 10 以内的加法

教学方法： 家长先鼓励孩子自己说出昨天学了什么，然后通过几个题目不断帮孩子获得复习技巧。复习时可以适当加大难度

（之前都是大数在前，小数在后，现在练习时可以让小数在前，大数在后，如 3 + 5），以培养孩子的灵活性。每做完一道题，让孩子说出是怎么做的，对的鼓励，错的纠正即可。

10 以内的减法

通过对加法的认识，引导孩子理解减法的意义和加法相反。培养孩子的思考能力、举一反三能力以及概括能力。

家长第 **1** 次教学

教学内容 掌握减法的核心是减少变小

教学方法：家长结合日常生活中的例子，引导孩子思考减法的核心是减少变小，并且进一步引导孩子领悟减法是"减几就往前数几个数字"，具体互动方式参考如下。

妈妈：宝贝儿，你还记得加法怎么做吗？

孩子：加法就是加上几往后面数几个数字，增加变大。（宝

贝说出大意即可，表述不完整的家长帮助补充）

妈妈：假如你现在有 3 颗糖，吃掉了 1 颗，还有几颗呢？

孩子：2 颗。

妈妈：所以 3−1＝2。宝贝你看，这个减法它是怎么做的呢，是不是和加法反过来就可以了，加法是增加变大，加上几往后数几；减法是减去几，就往前数几。3 往前面数一个数字就是 2。宝贝，我们再来算一个好不好？5−2＝？

孩子：3。

妈妈：宝贝儿，你真棒！减去 2，我们就往前面数 2 个数字。

家长第 **2** 次教学

教学内容 复习从 10 以内的减法

教学方法： 首先让孩子自己概括减法的技巧，不完整的地方家长帮忙补充，然后再给孩子出几个题目，如 6−4，7−2 等。每次孩子做完后题目后，让孩子多概括技巧，复盘比做练习更有意义。为了防止孩子学会减法后不习惯加法，在复习了减法后，可以再出两道加法题，帮助孩子学会分辨，提高适应能力。

教学内容 阶段小测试

教学方法：家长教完孩子数数和 10 以内加减法两个大知识点后，应该对孩子进行阶段测试，以查漏补缺。

测试内容：数数，认识数字的前后和大小关系，10 以内的加减法。

测试题目

1. 填空。

    2、3、（　　）、（　　）、6、7

2. 从 29 数到 45。

3. 说出 23 和 25 的前后关系，比较大小。

4. 计算。

    $5 + 3 =$ ⬭　$6 - 1 =$ ⬭　$7 + 2 =$ ⬭　$9 - 3 =$ ⬭

注 考虑到孩子前期识字量和读句子的能力有限，测试的题目应灵活多变，可以家长读题、孩子答题，不要勉强孩子读他不认识的题目，打击孩子的自信心。另外，我们要让孩子养成好习惯，如不要反复使用橡皮擦，要严肃对待考试，要把握考试时间等。初期，家长可以适当延长考试时间，以孩子认真做完题目的时间为准。孩子准确率不高时，建议家长不要批分数，而是要多肯定孩子做对的地方，带着孩子重新复习一次错题。

凑 10 法算 20 以内进位加法

教学目的

学会10以内数字的分解，掌握相加为10的几组数字，学会凑10法的技巧，能简单复述凑10法，不断提高概括能力、思考能力和表达能力。

家长第 **1** 次教学

教学内容 掌握 10 以内数字的分解

教学方法：学完 10 以内加减法后，10 以内数字的分解就变得轻松，主要是要向孩子明确 10 以内数字分解的格式；家长通过不断示范，带孩子总结技巧，让孩子明白分解的要点。具体互动如下。

妈妈：宝贝儿，我们已经学过 10 以内的加减法了，今天它就要派上用场了哦。妈妈先示范一下，3 可以分成 2 和 1，因为 2 + 1 = 3，3 也可以分成 1 和 2（家长在黑板上板书，分解格式参照下图）。宝贝儿，你也来试一下好吗？你来看看 5 可以分成哪两个数字呢？

孩子：5 可以分成 3 和 2。（如果孩子是对的，家长就板书到黑板上，如果是错的就纠正）

妈妈：宝贝真棒！5 可以分成 3 和 2，也可以分成 2 和 3，但是其实 5 比较厉害，5 也可以分成 1 和 4，还可以分成 4 和 1。（依次带孩子完成 3、4、5、6、7、8、9 的分解）

2	3	3	4	4	4	5
1 1	1 2	2 1	1 3	3 1	2 2	1 4

5	5	5	6	6	6	6
4 1	3 2	2 3	3 3	2 4	4 2	1 5

6	7	7	7	7	7	7
5 1	2 5	2 5	3 4	4 3	1 6	6 1

8	8	8	8	8	8	8
6 2	2 6	4 4	3 5	5 3	1 7	7 1

9	9	9	9	9	9	9
8 1	1 8	5 4	4 5	7 2	2 7	6 3 3 6

(教学内容) 掌握相加为 10 的几组数字

教学方法： 家长可以引导孩子借助手指，快速领悟 10 的分解。具体互动如下。

妈妈：宝贝儿，我们来做个小游戏，伸出你的双手，数一数有几根手指。（家长也可同步）

孩子：有 10 根。

妈妈：那我们弯下 1 根，还有几根呢？

孩子：还有 9 根。

妈妈：真棒！所以 10 可以分成 1 和 9，还可以分成 9 和 1，相加等于 10 的两个数就是好朋友。（家长在黑板上板书分解，然后带着孩子进行其他分解。家长顺便让孩子说出 10 + 1 ＝？孩子会说 11。让孩子逐渐明白其中的规律，如 10 + 6 ＝ 16）

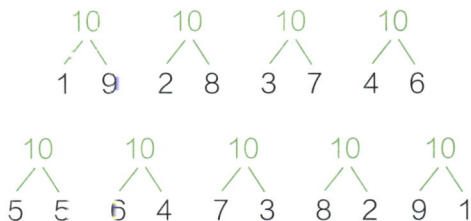

$$\underset{1\quad 9}{\overset{10}{\diagdown}} \quad \underset{2\quad 8}{\overset{10}{\diagdown}} \quad \underset{3\quad 7}{\overset{10}{\diagdown}} \quad \underset{4\quad 6}{\overset{10}{\diagdown}}$$

$$\underset{5\quad 5}{\overset{10}{\diagdown}} \quad \underset{6\quad 4}{\overset{10}{\diagdown}} \quad \underset{7\quad 3}{\overset{10}{\diagdown}} \quad \underset{8\quad 2}{\overset{10}{\diagdown}} \quad \underset{9\quad 1}{\overset{10}{\diagdown}}$$

教学内容 凑 10 法分解技巧

教学方法：家长可以通过 3~4 组例题进行讲解，要非常明确地告知孩子解题步骤，让孩子思路清晰。第 1 道例题，家长应该独立讲解，后期再让孩子参与进来，具体互动如下。

妈妈：宝贝儿，今天我们来学习一个更厉害的知识，我们可以用它做 20 以内的进位加法！妈妈打算给你讲 4 道例题，看看你在第几道就学会了呢？现在我们来看第 1 道：9 + 6 = ？准备好啦，妈妈开始"施展魔法"了。我们首先看 9 的好朋友是谁呢？

孩子：9 的好朋友是 1。

妈妈：第 1 步我们先去找前面这个数的好朋友，像这里 9 的好朋友是 1，可是题目里没有 1 怎么办呢？第 2 步我们把后面的数字分一个它的好朋友出来，6 可以分成 1 和谁呢？

孩子：6 可以分成 1 和 5。

妈妈：对啦！由于 1 和 9 是好朋友，所以 1 要和 9 挨得近一点哦（板书分解），接下来第 3 步就要让好朋友们手拉手，所以 9 + 1 凑起来刚好是 10（板书）。第 4 步就是把好朋友凑出来的 10 加上后面剩下的数字，就能算出结果来了：10 + 5 = 15，也就

$$9 + 6 = 15$$

是 $9 + 6 = 15$。

注 做完这一道例题之后，我们带孩子总结一下这 4 个步骤，让孩子复述一遍：第 1 步，先找前面这个数字的好朋友；第 2 步，把后面这个数字分解成前面数字的好朋友和另外一个数，好朋友要挨得近一点；第 3 步，这个数字与好朋友相加等于 10；第 4 步，把 10 与后面数字剩下的数加起来。

在设计后面几道例题时，刻意安排小数在前，训练孩子的灵活性，如 $6 + 8 =$？讲解例题时尽可能让孩子先说，家长补充。完成一道题后，家长带孩子再总结一下步骤：第 1 步，前面的数字 6 的好朋友是 4；第 2 步，把后面的 8 分成 4 和 4；第 3 步，6 加上它的好朋友 4 等于 10；第 4 步，10 加上 8 剩下的 4 等于 14。不断强化技巧，直到孩子可以自己独立做出一道题为止。

借 10 法算 20 以内退位减法

教学目的

掌握借10法的核心技巧，熟练运用借10法算减法。

家长第 1 次教学

教学内容 借 10 法技巧讲解

教学方法： 家长带领孩子复习一下加法，并且告诉孩子减法也很容易，具体互动如下。（注意，孩子不必记住"凑 10 法算加法""借 10 法算减法"这些名字，他们只要知道如何做就可以了）

妈妈：宝贝儿，我们已经学会了 8 + 6 等于多少的这种加法，那么 13 − 6 等于多少呢？今天妈妈再教你一种厉害的方法，这种方法还是用"好朋友"的方式来做哦，它只需要 3 个步骤就可以了（妈妈一边说一边写板书）。第 1 步，先把前面的数分成 10 和另外一个数，比如 13 可以分成 10 和 3，注意 10 要靠近后面的数；第 2 步，我们看一下后面这个数的好朋友是谁，6 的好朋友是 4，把 4 写在下面；第 3 步，4 加上前面还剩下的 3 等于 7，这样我们就算出来了。（然后带着孩子说一遍以上步骤：第 1 步先把前面的大数分成 10 和另一个数，10 要写后面；第 2 步，后面数的好朋友写在下面；第 3 步，下面的数加上前面还剩下的数，这样就可以算出最后的结果了）

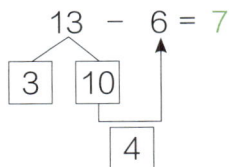

$$13 - 6 = 7$$

妈妈：接下来我们一起来做几道题吧。（从第 2 道题开始，尽量鼓励孩子先说，妈妈再补充。每次讲解完后，妈妈带着孩子完整地复述一遍步骤，让孩子的思路更清晰。

$$12 - 9 = \square$$

$$11 - 7 = \square$$

$$17 - 8 = \square$$

认识方位顺序

教学目的

帮助孩子分清楚前后左右和相对位置，增加其空间想象力和逆向思维。

家长第 **1** 次教学

教学内容 分清楚前后左右

教学方法： 如果孩子已经分得清前后左右，那么可以通过游戏来训练其熟练程度和反应能力；如果孩子分不清楚前后左右，家长可以通过让孩子记住单个典型标记来进行标杆记忆，如孩子用右手写字或者吃饭，我们就强化孩子记住吃饭写字的是右手，同侧的是右脚、右耳、右眼，与之相反的是左手、左脚等。以孩子是右利手为例，互动形式如下。

妈妈：宝贝儿，今天我们的学习非常有趣。请举起你吃饭、写字用的手。

孩子：举起右手。（如果孩子举错了，给予纠正）

妈妈：很好，吃饭、写字的是右手，和它在同一侧身体的其他部分就是右眼、右耳、右腿、右脚等，身体的另一边叫左边。

妈妈：现在我们来做个游戏好不好，你要按照妈妈的指示来做动作哦。伸出你的左手，伸出你的右脚，摸摸你的左耳，闭上你的左眼，把腿往前踢，把腿往后踢……（这个游戏能让孩子掌握前后左右，还能培养学习兴趣）

家长第 **2** 次教学

教学内容 掌握相对位置

教学方法： 在掌握了前后左右的基础上，让孩子了解相对位置。以亲子游戏的方式授课，有趣又方便操作，互动如下。

妈妈：宝贝儿，今天我们来玩一个小游戏，听妈妈的指示做动作哦，请宝贝站到妈妈的前面来。（当宝贝站过去后，妈妈复述一遍：宝贝现在在妈妈的前面，妈妈在宝贝的……）

孩子：妈妈在我的后面。

妈妈：对啦，你在妈妈的前面，妈妈就在你的后面，现在请宝贝站在妈妈的左边。（当宝贝站过去后，妈妈复述一遍：

第 **7** 周

宝贝在妈妈的左边，妈妈在宝贝的右边。换几组游戏，每次都和孩子一起说出相对位置，然后换成孩子指挥。孩子会很喜欢这种游戏）

家长第 **3** 次教学

教学内容 指认书面相对位置

教学方法：不会写字的孩子可以由孩子说答案，家长代写。大标题可由家长解读，具体题目尽量让孩子读。这次教学是孩子第一次独立读题，他们很可能因为不认识字而不能理解整体意思，这些都是正常现象，家长要有充分的耐心。一起尝试下图的九宫格题目吧。

1. 一共有（　　）种图形。

2. ☆的下面是（　　）。

3. √在（　　）的左边。

4. ×在（　　）的右边。

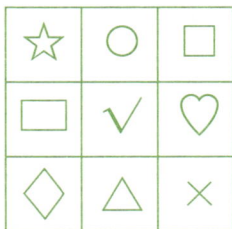

将上面的九宫格变换两次，列出题目与孩子一起解答，然后试着做以下题目：

△ □ ○ △ □ ○ ☆ △ □ ○

1. 从左往右数，第 4 个是＿＿，第 8 个是＿＿，△一共有＿＿个。

2. 从右往左数，☆在第＿＿个，第 3 个是＿＿，第 1 个是＿＿。

对很多孩子来说，这道题是有难度的，难点在于不能掌握从左数和从右数的区别。第一次尝试做这类题目时，不可要求过高，孩子能理解即可。

文字加法应用题

教学目的

进一步培养孩子的读题能力，培养孩子对文字的理解能力。理解加法的运用场景，了解加法算式，了解加法应用题的基本逻辑。

家长第 **1** 次教学

教学内容 简单的加法应用题

教学方法： 家长向孩子介绍什么是应用题，以及应用题的基本要求。文字应用题对孩子读题要求较高且比较枯燥，所以建议用孩子的名字和孩子熟悉的事来构建题目。具体的互动如下。

妈妈：宝贝儿，我们已经学会了加减法计算，现在可以派上用场了哦，我们可以用它来解决应用题，你知道怎么做应用题吗?

孩子：不知道。

妈妈：那妈妈来告诉你，文字应用题要自己会读题，明白题目的意思，以后我们还要学习看图应用题。应用题需要自己写算式哦。接下来妈妈出一道题，你来读题好不好?

例题1：杨悦辰（可换成自家宝贝的名字）有4元钱，妈妈有1元钱，他们一共有多少元钱?（第一次出题尽可能要求数字和汉字都简单）

孩子：5元。

妈妈：哇，宝贝真棒，妈妈还没有说出答案你就知道了，那你能告诉妈妈5元是怎么算来的吗，是用加法还是减法呢?

孩子：加法，4+1=5。（家长可以通过不断发问的方式促使孩子说出算式）

妈妈：对的，你已经知道正确答案了（同时妈妈板书4+1=5）。宝贝你看，这就是列算式了，以后自己写的时候也要这样写有等于号的算式哦。（需要刻意强调算式，强化算式的概念）

妈妈：当问"一共"有多少时，要用什么方法?

孩子：加法。

妈妈：是的，你真棒！当看到"一共"有多少时，就是要用加法，现在我们再来做一道题，由宝贝来给妈妈讲课。（这是我最常用的方法，换位互动，既让宝贝因为要当小老师而充分投入，又可以很好地锻炼其表达能力）

例题2：树上有6只鸟，又飞来3只，一共有多少只？

妈妈：请我们的小老师来给妈妈讲这道题吧。（我们尽量肯定孩子的优秀之处，如果孩子讲错了，家长要及时纠正补充，目的是查漏补缺，培养宝贝的兴趣、胆量、自信和表达能力）

家长第 2 次教学

教学内容 20 以内的加法应用题

教学方法：家长要扮演的角色是"学生"，多听孩子讲课，自己再做纠正补充。

妈妈：宝贝，我们已经学过加法，可是妈妈忘记了，你再教妈妈一遍好不好？（在后面的讲解过程中尽量让孩子自己读题）

以下题目可以作为参考。

1. 小猫昨天吃了9条鱼，今天又吃了6条鱼，一共吃了多少条鱼？

2. 小明有8个本子，妈妈又给了3个，小明一共有多少个本子？

文字减法应用题

教学目的

让孩子理解并喜欢数学，同时开发其他能力，养成好习惯。
本周教学让孩子理解什么时候用减法，它的标志是什么，同时进一步熟练加法应用题中所培养的各种读题和书写要领。

家长第 **1** 次教学

教学内容 认识简单的减法应用题

教学方法： 上课前先复习之前学过的内容，再通过孩子熟悉的场景，让孩子参与其中接入的新知识。家长可以先让孩子说一说什么时候要用加法，以及加法应用题要注意的地方，然后家长引入新的知识——减法，具体互动如下。

妈妈：宝贝儿，上次学的加法很简单吧，你帮妈妈看一下下面的题目是不是还要用加法呢？

例题1：杨悦辰（换成孩子自己的名字）有6元钱，花了2元钱，还有几元钱？

孩子：4元。（很多时候，孩子在日常生活中已经能够掌握加法和减法的应用了）

妈妈：那宝贝告诉妈妈这个4是怎么算出来的呢？

孩子：$6-2=4$。

妈妈：太棒了！所以"减少了多少""还有多少"就要用减法。（妈妈板书算式$6-2=4$）

妈妈：妈妈今天买了5个苹果，吃了2个，还剩下多少个呢？

孩子：3个。

妈妈：所以，问"还有多少""还剩多少"，是减少了，我们就用减法。

家长第**2**次教学

教学内容 20以内的减法应用题

教学方法：通过前面的学习，孩子已经慢慢熟悉了加法和简单的减法，家长可以与孩子以互动的形式复习20以内减法应用题。互动形式如下。

妈妈：宝贝儿，妈妈给你出一道题，你也给妈妈出一道题好吗？（激发孩子的兴趣。妈妈可以先出题，给孩子做示范，不管孩子说得如何，都以肯定优点为主，不足的地方，帮孩子补充完善即可）

题目参考如下。

小猫昨天有9条鱼，今天吃了6条鱼，还有几条鱼？

家长第3次教学

教学内容 阶段小测试

教学方法： 检测孩子对加减法应用题和方位问题的掌握。本次测试，明确告诉孩子有时间要求，但是不要真的时间到了就收卷。题目中不认识的字由妈妈告知，提醒宝贝认真读题、认真书写，遇到不会的题目要自己想办法，只要用心，做错了也没有关系。

方位题有些难度。妈妈可以让宝贝读题后口头作答，也可以给宝贝充足的时间作答。后面的应用题要求宝贝自己读题写算式。

题目1：方位题。

√	⬡	🍎	🐟
☺	🌷	✕	△
☀	☆	▭	○
☽	▢	♡	◇

上表一共有（　　）种图形。

☾的上面是（　　）。

○左边有（　　）种图形。

✕在（　　）的右边。

第1排从左边数第3个是（　　）。

第2排从右边数第3个是（　　）。

题目2：小明有9元钱，花了4元钱，还有多少钱？

题目3：小红有8朵花，又买了6朵，一共有多少朵花？

加减混合应用题

教学目的

帮助孩子掌握多重条件应用题的运算，巩固加减法，并且灵活运用加减法，培养孩子适应加减混合运算的能力。

家长第 **1** 次教学

教学内容 认识多重条件的混合应用题

教学方法：家长在教学时应该不断向孩子强调为什么要用加法，为什么要用减法，以及加减混合运算时的计算技巧，依然是利用孩子的生活连接知识点。具体互动如下。

妈妈：宝贝儿，我们已经学过加减法应用题了，你还记得什么时候用加法，什么时候用减法吗？（此时，让孩子回答，家长总结规范答案，如物体变多了要用加法，变少了要用减法。)

妈妈：但是有的时候我们加减法都需要用到哦，我们来看一个题。

例题1：宝贝有9元钱，花了5元，妈妈又给了3元，现在有多少钱?（孩子读题，妈妈辅助，可以给予孩子一定的思考时间，妈妈再互动式讲解)

妈妈：宝贝你看，你有9元钱，花了5元，是变多了还是变少了?

孩子：变少了。

妈妈：那变少了是要用加法还是减法呢?

孩子：减法。

妈妈：所以我们先用9－5＝4，（妈妈一边说一边写板书）那宝贝你看看这道题做完了吗?

孩子：没有。（让孩子指出哪里没有做完)

妈妈：妈妈又给了3元，这次是变多了还是变少了呢? 要用加法还是减法呢?

孩子：变多了，所以要用加法。

妈妈：那我们是要用9加上3，还是用4加上3呢?（引导孩子认识到现在只有4元钱了)

孩子：用4加上3。

妈妈：所以接下来我们要用4＋3＝7，（妈妈一边说一边写板书）这种又有加法又有减法的题目该怎么办呢?（可以让宝贝先自己说一遍，妈妈再总结正确结论。变多就先加，变少就减，然后再进行下一步计算。现在我们再来看一个题目，这次由宝贝讲给妈妈听。

例题2：树上有4只鸟，飞来了6只，又飞走了3只，现在有多少只？（让宝贝自己谈题，然后讲清楚为什么要用加法，为什么要用减法，写计算公式，计算并总结）

家长第 2 次教学

教学内容 20 以内的加减混合应用题

教学方法：复习加减法、复习加减混合应用题，以及培养孩子在面对复杂计算时的耐心，家长把应用题中数字改到 20 以内就可以了。

例题1：河里有11条鱼，游走了2条，又游来了8条，现在有多少条鱼？（家长让孩子独立读题、列式、计算、总结。如果孩子一时计算不出来，可以提示孩子用分步计算的方法在草稿纸上计算，养成没把握就打草稿的好习惯）

例题2：树上有13只鸟，飞来了4只，又飞走了5只，现在有多少只鸟？

看图列式题

教学目的

在掌握加减法的基础上，学习看图列式题的计算方法。图形题目重点在于培养孩子的图文理解能力，让孩子能理解图所表达的数学含义，并转化成数学题目，进行列式解答。

家长第 1 次教学

教学内容 认识"比多少"

教学方法： 通过最简单直观的图形，让孩子对应大小关系，互动如下。

妈妈：宝贝儿，妈妈觉得你很喜欢图形题，妈妈给你在黑板上画一些图，你能看出答案吗？

例题1：

△ 比 ○ 多（　）个
○ 比 △ 少（　）个

妈妈：宝贝儿，你能告诉妈妈三角形和圆形哪个多哪个少吗？

孩子：三角形多，圆形少。（引导得出答案"2"）

妈妈：那"2"是怎么得来的呢？

孩子：7 − 5 = 2。

妈妈：所以当我们看到"比多少"题目的时候，是不是要用减法呢？现在我们再来看下面这道题。（这次让第一行的图形少，第二行的图形多，培养孩子思维的灵活性，让孩子自己说答案）

例题2：

☺ 比 □ 少（　）个
□ 比 ☺ 多（　）个

教学内容 加减法图形应用题

教学方法：教会孩子理解图形题，并把图形题翻译成数学题，从问号处辨别加减法。家长画出两个图，让孩子凭感觉去说答案，当回答出正确答案时，再让孩子把题目的意思以及计算公式说出来。家长应进一步引导孩子发现规律，以便能做出复杂的题目。具体互动如下。

妈妈：宝贝儿，你来看这两幅图，问号处应该怎么计算呢？

孩子：第一个图是 9，第二个图是 3。

妈妈： 你是怎么计算的呢？这两幅图片的意思是什么？

孩子：妈妈，第一个图左边有 5 个圆圈，右边有 4 个圆圈，那不就是一共有多少个，要用加法吗？第二个图一共有 7 个五角星，左边 4 个，右边不就是 3 个吗？（尽量让孩子或者辅助孩子说出上述图片的含义）

妈妈：我们再仔细看一下，当问号在"草帽"下面时，表示全部一共有多少，要用加法；当问号在"草帽"里面时，表示一部分有多少，要用减法。（家长可以变化类似的加减法图形，在第一个例题解答结束后再进行下一题的计算，主要是让孩子学会看问号位置确定加减法的使用）

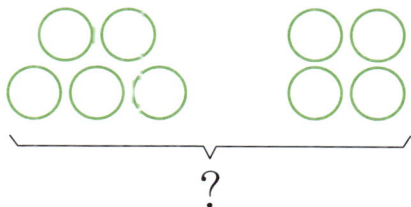

$$\square \bigcirc \square = \square$$

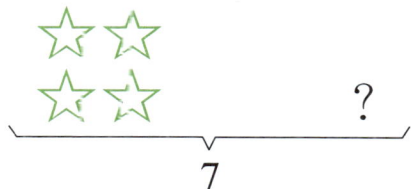

$$\square \bigcirc \square = \square$$

教学内容 图文结合题

教学方法： 本次教学教会孩子不仅要看图片，还要看文字，懂得如何找到问题在问什么。孩子的一般阅读习惯是先看图形，往往会忽略文字，然后再像编故事一样把题目说出来。所以，家长在教学的时候鼓励孩子先看文字，再列公式计算，家长可以先进行示范。具体互动如下。

妈妈：宝贝儿，今天我们来进行编故事比赛，妈妈编一个，你编一个，看谁的故事编得好，做得对，输了就要编第三个故事。（妈妈可以说是宝贝编得好，然后妈妈编第三个故事，再故意说看不懂题目请求宝贝帮助，这样可再次训练他的表达能力）

例题1：

游走了3条，还有多少条？

$$\boxed{}\ \bigcirc\ \boxed{}\ =\ \boxed{}\ （条）$$

妈妈：池塘里有10条鱼，游走了3条，还有多少条？宝贝，你看妈妈这个故事编得好不好，妈妈是先看文字，再编故事，这个是游走变少了，所以我们要用减法 10－3＝7（条），现在到你编故事了哦。

例题2：

又买了5个，一共多少个？

$$\boxed{}\ \bigcirc\ \boxed{}\ =\ \boxed{}\ （个）$$

例题3:

○○○○
○○○○○
□○□ = □ （个）

吃了5个，还有多少个鸡蛋？

155

100 以内的不进位加法

教学目的

从这章开始，主要是学习100以内的加减法计算，带孩子认识数位，掌握列竖式计算大数加减法，从而为三位数、四位数加减法的学习打下基础。

家长第 **1** 次教学

教学内容 认识数位和计数单位

教学方法： 本次教学要带孩子认识数位和计数单位。对于低龄儿童，家长不要要求过高，不要求孩子在语言上分清楚数位和计数单位这两个名词，理解其含义即可，本节学习主要是为列竖式计算的学习打基础。家长可以通过一个"排座位"的小游戏讲解这个知识点，具体互动如下。

妈妈：宝贝儿，你现在已经很厉害了，学会很多知识了。从今天开始，我们要让自己变得更厉害，学一种新的方法计算"超大"的数，今天我们先给数字排个座位。（家长随便写个数字如52）

十 位	个 位
5	2

妈妈：数字都有自己的位置，个位最小排在最右边，十位比个位大，排在左边一位，以后还有百位、千位更大的数位。像52，2在个位，它表示2个1；5在十位，它表示5个10。（这个知识点看起来很简单，但对很多小朋友来说很难。家长可以写出不同的两位数让孩子辨别十位数和个位数，比如63，3在个位，表示3个1；6在十位，表示6个10。还可以进一步练习，比如妈妈说要求，一个数十位数是9，个位数是5，让孩子写数字。再次强调，这个知识点孩子掌握起来会有点费力，一定要多给孩子时间和耐心）

家长第 2 次教学

教学内容 列竖式计算

教学方法： 在教列竖式算加减法时，和前面的凑10法、借

10 法一样，要非常明确地告诉孩子计算步骤，互动如下。

妈妈：宝贝儿，列竖式计算比较难，我们需要和做 20 以内的加减法一样有 4 个步骤，这是我们对付列竖式计算的武器，妈妈先示范一次给你看哦。比如 35 + 2 = ?（后面 4 步，妈妈每说一步，同步板书一步）。第 1 步，我们要先写好前面一个数字；第 2 步，在下面一排写好后面一个数字，35 写在第一排，2 写在第 2 排，2 是个位数所以要和 35 个位上的 5 对齐，千万要记得，相同的数位要对齐哦，在旁边还要写好 "+" 号，下面画一条横线；第 3 步，相同数位相加，一定要从个位数加起（这个地方非常重要，很多小朋友喜欢从十位数开始），个位加个位，十位加十位，把相加的数字写在下面，所以 5 + 2 = 7，3 没有加就移下来；第 4 步，一定要把算出来的结果 37 写在 "=" 的后面哦。为了提高孩子灵活运算的能力，建议家长再写出 "2 + 35" 的竖式，然后按照刚才的 4 个步骤讲一遍。

	十	个			十	个
	3	5				2
+		2		+	3	5
	3	7			3	7

妈妈：好了，妈妈现在再讲最后一道例题，34 + 25 = ?（家长每说一步，板书写一步，可以鼓励孩子一起说）。第 1 步，34 写在上面；第 2 步，25 写在下面，5 和 4 对齐，2 和 3 对齐，在

25 旁边写上加号，下面画一条横线；第 3 步，相同数位数字相加，从后面算起，4 + 5 = 9，3 + 2 = 5，写在横线下面；第 4 步把结果 59 写在 "=" 后面。

　　每讲完一道题一定要问孩子听懂了没有，没听懂就再慢点讲一遍，最后可以出两道题让孩子自己练习并讲解过程，如 45 + 3，24 + 53。建议每次新课间隔 2 天左右，方便做巩固训练，比如第 12 周的内容学完后，不要第 2 天就开始进位加法的学习，应该连续 2 天每天练习 4 道不进位加法习题。

100 以内的进位加法

教学目的

在熟悉不进位加法计算的基础上，进一步学习列竖式笔算加法的格式和步骤，掌握进位的条件，以及如何书写运算结果。

家长第 **1** 次教学

教学内容 明确什么时候进位

教学方法：家长在教孩子进位条件和进位格式写法时，可以讲解 3~4 道例题，应按照步骤讲解。如果孩子有实力，可以鼓励他一起来讲，最后一个留给孩子独立解答。比如下面 4 道例题，家长可以详细地讲解前面 2~3 题，以第 1 道题为例，家长互动参考如下。

妈妈：宝贝，你还记得不进位加法怎么计算吗？（让孩子说步骤，可以鼓励并允许孩子用凑10法笔算5＋6）

妈妈：你已经发现哪里不相同了，对不对？个位5＋6＝11，它超过了10，那我们该怎么办呢？我们可以这样想，11里面有一个10和一个1，我们应该把个位上的1留下来写在十位下面，多的那个10就给十位，并在这个十位下面写个小小的1。为什么给了10，却写一个1呢？那是因为十位上的1就代表10，在十位数字相加求和时，不要忘记加上这个1哦。个位是1，十位是3＋4＋1＝8，这和不进位加法相比区别就是个位超过10，把后面的数字写在个位下面，再向十位进位一个1，最后要记得加上它。

$$35 + 46 = 81$$

$$
\begin{array}{r}
3\ \ 5 \\
+\ 4\ \ 6 \\
\hline
8\ \ 1 \\
\end{array}
$$

接着可以继续计算2~3道同类型习题，也可以安排2道两位数加个位数的习题。一定要给孩子强调：个位数相加超过10时，末尾的数字写在个位，再在十位下面写个小小的1，并且不要忘记。本次课程的学习，让孩子能基本复述便可，不需要孩子非常熟练地计算。

$$67 + 18 = 85 \qquad 46 + 6 = 52 \qquad 9 + 47 = 56$$

$$\begin{array}{r} 6\ 7 \\ +\ 1\ 8 \\ \hline 8\ 5 \end{array} \qquad \begin{array}{r} 4\ 6 \\ +\quad 6 \\ \hline 5\ 2 \end{array} \qquad \begin{array}{r} 9 \\ +\ 4\ 7 \\ \hline 5\ 6 \end{array} \qquad \begin{array}{r} 4\ 7 \\ +\quad 9 \\ \hline 5\ 6 \end{array}$$

家长第**2**次教学

教学内容 复习 100 以内的进位加法

教学方法：先让孩子总结进位加法的要点，然后再练习 4 道题，家长应帮助讲解，直至孩子可以独立解答。建议在本次学习之后的 2 天不要学习新内容，安排每天练习 4 道习题，1 道不进位加法和 3 道进位加法。

100 以内的不退位减法

教学目的

引导孩子举一反三，掌握减法计算顺序、计算方法、书写格式，与加法在算法和书写格式上进行对比学习。

家长第 **1** 次教学

教学内容 100 以内不退位减法

教学方法： 可以先让孩子复习相关知识点，比如列竖式加法的步骤，然后再引入减法，具体互动如下。

妈妈：宝贝儿，前面我们已经学过加法了，你的加法计算掌握得很好。我们今天要学习的减法计算，你也很快就可以学会，不信我们一起来看一道例题。

例题1：93－22＝？

妈妈：和加法一样，第1步，在第1排先写减号前面的数；第2步，在第2排写减号后面的数，在旁边写上"－"号，画好横线，横线长度刚好把数字和符号包住就可以了，数位一定要对齐，3和2对齐，9和2对齐；第3步，加法是相同数位相加，从末尾开始，减法也是从末尾开始，3－2＝1，把1写个位下面，9－2＝7，把7写在十位下面，所以93－22＝71。用同样的步骤再给孩子讲解另外2道习题。

例题2：83－13＝？

例题3：78－5＝？

$$93-22=71$$
$$
\begin{array}{r}
9\ 3 \\
-\ 2\ 2 \\
\hline
7\ 1
\end{array}
$$

$$83-13=70$$
$$
\begin{array}{r}
8\ 3 \\
-\ 1\ 3 \\
\hline
7\ 0
\end{array}
$$

$$78-5=73$$
$$
\begin{array}{r}
7\ 8 \\
-\ \ \ 5 \\
\hline
7\ 3
\end{array}
$$

家长第 **2** 次教学

教学内容 复习不退位减法

教学方法：家长可以出4道习题，孩子每做完一道家长批改一道，并让孩子讲解计算过程。

$87-13＝?$ $96-20＝?$ $75-4＝?$ $98-17＝?$

100 以内的退位减法

教学目的

在熟悉不退位减法的基础上,进一步学习退位列竖式减法的格式和步骤,掌握退位的条件,以及如何书写计算结果。相比不退位减法,本章学习难度比较大,且学完退位减法后容易和进位加法混淆,家长要给孩子3~4天的缓冲时间。当孩子计算错误时,要指出错误之处,直至孩子完全理解。

家长第 *1* 次教学

教学内容 理解退位减法的条件

教学方法: 这 4 周的教学具有连贯性,家长教学的重点在于让孩子熟练计算步骤并找出不同点。家长可以讲解 4 道例题,2 道两位数减一位数的退位减法,2 道两位数减两位数的退位减法，具体互动如下。

妈妈：宝贝儿，我们学过了不进位加法和进位加法，当个位相加超过 10 时，要向"大哥"十位进一个 1，也学过不退位减法，从个位开始减，个位减个位，十位减十位，今天我们来做这 4 道题，看与之前的减法有什么不同？

$$85 - 58 = 27 \qquad 44 - 27 = 17 \qquad 80 - 55 = 25 \qquad 64 - 9 = 55$$

$$\begin{array}{r} 8\ 5 \\ -\ 5\ 8 \\ \hline 2\ 7 \end{array} \qquad \begin{array}{r} 4\ 4 \\ -\ 2\ 7 \\ \hline 1\ 7 \end{array} \qquad \begin{array}{r} 8\ 0 \\ -\ 5\ 5 \\ \hline 2\ 5 \end{array} \qquad \begin{array}{r} 6\ 4 \\ -\quad 9 \\ \hline 5\ 5 \end{array}$$

妈妈：宝贝儿，你是不是发现了什么问题？（让孩子自己看 85-58 应该先从哪里算起，孩子知道从个位开始，但是会遇到困难）

孩子：5-8 不够减。（有的孩子会因为不够减而用 8-5，家长要告知不能这么做，一定要用上面的数字减去下面的数字）

妈妈：当我们太弱小的时候是不是可以请求力气大的人帮忙呀，所以个位不够减时我们可以向它的"大哥"十位求救，去借一个 1（家长一边说一边板书）。注意了哦，加法进位的小 1 是写在十位数字的下面，减法借位时这个小点点要点在十位数字的上面，这样明显一点，看到就会提醒自己要记得还。那么个位自己原有的 5 向十位借一个 1 后是多少了呢？

孩子：5 + 1 = 6。

妈妈：这就错了，因为这个 1 是从十位借来的，十位的一个 1 代表的是 10，所以现在个位应该是 10 + 5 = 15，我们要用 15 去减去 8（允许孩子用分解法在一旁笔算），15−8 = 7，我们把 7 写在个位下面，那十位上的 8 被借走了一个 1 还有多少呢？

孩子：7。

妈妈：对了，十位的 8 借走了一个 1 只有 7 了，我们要用 7 减去 5，7−5 = 2，把 2 写在十位下面，所以 85−58 = 27，最后再把答案写在等于号后面，这样我们的退位减法计算就完成了。

妈妈：我们再来总结一次。（让孩子知道什么时候要借位，借位怎么表示，借位后个位是多少、十位是多少；当个位不够减向"大哥"十位借位时，要在十位数字上面点个点做记号；要用个位数加上 10 去减下面的数字，用十位数字减掉被借走的 1 再去减十位下面的数字，如果下面没有数字我们就移下来）

妈妈：我们一起把剩下 3 道做完吧。（引导孩子说出每一个步骤，孩子说不下去时可帮忙提醒，做完一道后可以再让孩子把整个过程说一遍）

和加法一样，家长不要盲目图快，本次教学孩子能够认真吸收理解上述 4 道题即可，不需要孩子非常熟练地独立完成。

家长第 **2** 次教学

教学内容 孩子独立解答并讲解退位减法

教学方法： 先让孩子复习退位减法的计算技巧，然后再独立完成 4 道题，当孩子口算不出时，可以再用分解笔算的方法。让孩子每完成一道题，就复述一遍解答过程。题目参考如下。

$72 - 15 = ?$　　　$63 - 4 = ?$　　　$54 - 28 = ?$　　　$41 - 8 = ?$

家长第 **3** 次教学

教学内容 孩子独立解答并讲解加减混合计算

教学方法： 孩子学过减法尤其是退位减法后，可以连续安排两次加减复习，每次 4 道题，1 道不进位加法，1 道不退位减法，1 道进位加法，1 道退位减法。让孩子每完成一道题，就复述一遍解答过程。题目参考如下。

$43 + 15 = ?$　　$59 - 7 = ?$　　$29 + 15 = ?$　　$61 - 23 = ?$

家长第 4 次教学

教学内容 同第 3 次教学

教学方法： 同第 3 次教学。题目参考如下：

$52 + 6 = ?$　　　$47 - 13 = ?$　　　$39 + 7 = ?$　　　$82 - 5 = ?$

家长第 5 次教学

教学内容 阶段小测试

教学方法： 经过前面 4 次的学习和巩固，可以对孩子进行测试，测试要求孩子认真、独立。家长一定要提供一个安静的环境，并且考前叮嘱，考中监督，考后讲解总结。题目参考如下：

$65 + 22 = ?$　　　$45 - 9 = ?$　　　$39 + 7 = ?$

$72 - 18 = ?$　　　$56 - 23 = ?$

100 以内的加减法应用题

教学目的

对前面所学计算题和应用题进行融合复习。

家长第 1 次教学

教学内容 单独的加减法应用题

教学方法：家长不必急于把加减法全部混合，而应引导孩子复习什么时候用加法，什么时候用减法，以及怎么列出计算公式。具体互动如下。

妈妈：宝贝儿，到今天为止，我们的计算题就学完了，你现在已经很厉害了。今天我们来学习应用题，并且把计算数字变大，挑战自己。但妈妈忘记变大是用加法还是减法，减少是用减

法还是加法了。（这样的提问方式既能巧妙化解孩子一时想不起来的尴尬，又能帮助他们复习）

妈妈：我们来做下面2道题，你一定要告诉妈妈为什么用加法或者减法哦，不然妈妈听不懂。（让孩子独立读题、写算式、计算、写答案，妈妈在孩子有困难时可以及时给予帮助）

例题1：公园里去年有45棵大树，今年又种了29棵，一共有多少棵？

例题2：河里有75只小鸭子，游走了17只，还有多少只？

家长第 2 次教学

教学内容 加减混合应用题

教学方法：首先帮助孩子复习怎样进行多步计算。一般孩子很难口头表达，家长可以直接讲解计算方法，第1步变多就用加法，变少就用减法，算出第1步的答案后再去算第2步，然后请孩子读题、做题、讲题。对于不识字的孩子，家长可以辅助讲题，一定要提醒孩子，不会算时可以在旁边打草稿。

例题1：妈妈买了52个鸡蛋，第1个星期吃了19个，第2个星期吃了13个，还有多少个鸡蛋？

例题2：树上有47只鸟，飞来了15只，又飞走了29只，还有多少只？

移多补少

教学目的

经过前面16周的学习，孩子已经有了非常好的基础，不必再进行更多的计算基础学习了。此时我们应该立足于数学思维培养，让孩子知道其实数学还有更广阔的天地可以探索，要培养孩子不怕难题、爱动脑筋的好习惯。本周学习移多补少，其实是培养孩子的平衡思维。

家长第 **1** 次教学

教学内容 认识为什么要移多补少

教学方法： 对于移多补少概念的解释，家长可以从一个简单的生活问题开始。在初次移多补少的学习中，我们应该结合孩子现有的知识，不需要设计太难的题目，具体互动可以参考如下。

（注意，家长可先检测一下孩子是否会把数字分成两个相同的数，比如2可以分成1和1，4可以分成2和2……12可以分成6和6）

妈妈：宝贝儿，假如妈妈有8颗糖，给你3颗，给你朋友5颗，这公平吗？或者妈妈给你5颗，给你朋友3颗，这样公平吗？

孩子：不公平，因为我们不一样。

妈妈：今天我们要当小法官，把东西公平分配好不好？妈妈现在有4个苹果，给爸爸分了1个，给你分了3个，接下来你来想办法把苹果公平分配吧，不然爸爸就有意见了呀。（孩子在这个时候往往都能很快从图中看出答案，应该要把自己多出的苹果分给爸爸1个）

妈妈：宝贝你分得真棒，现在爸爸有2个苹果，宝贝也有2个，很公平。为什么你只分1个而不是分2个或者全部的苹果给爸爸呢？

孩子：如果分2个我就只有1个，分3个我就都没有了。（如果宝贝分错了，妈妈可以直接讲答案）

妈妈：对了，所以我们分的时候还得想到自己。你看我们是不是先找出自己的苹果比爸爸的苹果多几个，在图中画一条线，这样就可以快速地看出多的苹果了。你看是不是多2个，我们只需要把2个分1个给爸爸，1个刚好是2个的一半哦。（妈妈在黑板上用箭头表示）

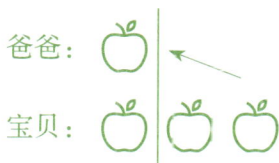

爸爸：🍎

宝贝：🍎 🍎 🍎

妈妈：现在我们再来看一道题，小花猫和小黑猫吵架了，因为它们的鱼分得不均匀，看看你这个小法官是不是能给小猫们公平分配。

小花猫： 🐟 🐟 🐟

小黑猫： 🐟 🐟 🐟 | 🐟 🐟 🐟 🐟

妈妈：第1步，我们先找到小黑猫比小花猫多的鱼，画一条竖线，小黑猫多了4条鱼；第2步，我们不能把多的4条鱼全部分给小花猫，小黑猫还要留一半，因此我们只能分4条鱼的一半，也就是只能分2条鱼给小花猫，这样就分公平了。（先让孩子自己想答案，不管对与错，妈妈再按步骤讲一遍，目的在于和孩子一起概括出移多补少的做法）

家长第 **2** 次教学

教学内容 让孩子独立按步骤完成数字更大的移多补少

教学方法：家长可以安排2道题，数字稍微大一点，一定要记得提醒孩子按照步骤做题，比如画竖线，然后分多的一半给少的。完成一道题后，由孩子当小老师再讲解一遍。

例题1：

第 1 排　◯◯

第 2 排　◯◯◯◯◯◯◯◯

例题2：

第 1 排　

第 2 排

认识时间

教学目的

通过这周的学习，希望能为孩子建立起时间观念，对时间有一个比较规范的认识。当然考虑到孩子的接受能力，不要求具体读出几点几分，为了方便理解，家长可以准备一个有12个大格子的时钟。

家长第 **1** 次教学

教学内容 认识钟面

教学方法： 很多孩子对时间没有概念，也没有仔细观察过钟面，家长应先带孩子观察钟面，有时钟实物的家长可以带领孩子动手调节时针和分针，没有时钟实物的家长可以自己画。具体互动如下。

妈妈：宝贝儿，你知道现在几点了吗？（把钟表调到 7：30 的位置，或者是在黑板上画一个 7：30 的钟面，不管孩子回答的是对还是错，妈妈都要介绍一次怎么看时间）

　　妈妈：宝贝儿，你看这个钟面有哪些东西？

　　孩子：有两根针，有数字和格子。（孩子没有观察到的家长可以补充完整）

　　妈妈：这两根针有什么区别呢？有多少个大格子呢？

　　孩子：一根长的，一根短的。有 12 个大格子。（孩子没有说出来的家长补充）

　　妈妈：宝贝，这两根针在钟面上代表不同的时间，以后还会见到一根更细的针叫秒针，现在妈妈来教你怎么看时间。

　　妈妈：钟面上有 12 个大格子，上面有 12 个数字，分别代表 12 个小时，比如 1 就代表 1 点，2 就代表 2 点，12 就代表 12点。短胖的这根叫作时针，它指向数字几就表示几点；长细的这根叫作分针，它指向 12 的时候表示刚好整点，指向 6 的时候刚好是半点。（讲完后可以让孩子简单复述时针和分针代表的意义，分清时针和分针）

妈妈：宝贝儿，你看第1个钟，短针指向数字几？（这时候很多宝贝会说7，有的也会说8）

妈妈：你看这根短针超过了7但没有超过8，所以是7点多，长针刚好指向6，所以就是7点半。（第2个、第3个的时钟时间，以发问的方式让孩子明白先看时针，再看分针，第2个是12点半，第3个是11点整）

家长第 2 次教学

教学内容 孩子学会自己独立看时间

教学方法： 先复习看钟面时间的方法，然后可以给出多个钟面让孩子练习指认时间。家长还可以告诉孩子白天12点前叫作上午，12点后叫作下午，所以如果白天看到1点半，可以说是下午1点半，如果白天看到11点整，可以说是上午11点整。

教学内容 让孩子学会按要求画时间（根据孩子学习情况，
选学）

教学方法：家长先示范怎么画，重点是示范整点和半点的时间画法。另外，要注意区分时针与分针的长度，让孩子反复练习。

1：00

5：00

4：30

9：30

巧数图形

教学目的

本周教学的重点在于通过学习数线段、数角、数三角形、数正方形的方法，引导孩子认识图形的层次，培养孩子的空间想象能力，并且能够举一反三。

家长第**1**次教学

教学内容 认识数线段的基本方法

教学方法： 从孩子最直观、最接近孩子生活的例题，引导孩子概括出规律。具体互动如下。

妈妈：宝贝儿你知道吗，数学特别有趣，如果仔细观察会有意外的收获哦，就像我们现在要学习的数线段，妈妈先画第 1 个

图，你看看有几个线段？（妈妈画出由 3 个点构成的线段）

孩子：2 个。（这里很少有小朋友能够看出有 3 条线段）

妈妈：你看到的是 2 个对不对，但其实这里有 3 个线段哦，你看这 2 个小线段还能组成 1 个大线段呢。（结合图片，妈妈一边指给孩子看，一边写下 2 + 1 = 3）

A　　B　　　C　　　2+1=3

妈妈：在数线段时，我们可以先数小的，再看小的能凑成几个大的线段。现在我们再来看一些图（板书图片），宝贝儿你看这个图有几个线段？（不管孩子答案是对还是错，我们都按第 1 题再总结一次，先数最小的线段有 3 个，并画好 3 个小段的小"帐篷"，在图形旁边写"3"；接下来找出由 2 个小线段组成 1 个稍大的线段，共有 2 个稍大的线段，并画出 2 个大一点的"帐篷"，在 3 后面写上"＋2"；最后找出由所有小线段组成的最大线段，并画上一顶最大的"帐篷"，在"2"后面写上"＋1"）

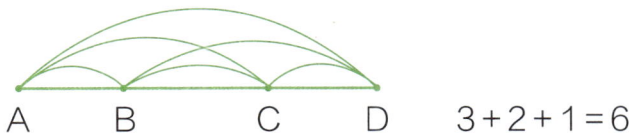

A　　　B　　　　C　　　D　　　3+2+1=6

妈妈：宝贝，刚才学习的 2 道题都是先写出最小线段的数量，然后写出依次"下楼梯"（依次递减）的数字直到 1，最后将这些数字相加。下面的例题由宝贝自己解答，妈妈待会画图看是不是这样子的。

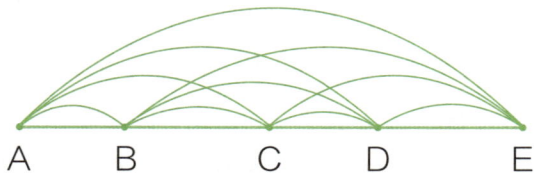

$$4 + 3 + 2 + 1 = 10$$

家长第 **2** 次教学

教学内容 数角和三角形的数量

　　教学方法：首先复习数线段的方法，先画出有 5 个小段的线段，让孩子快速说出算式。如果孩子还不熟悉，可以先带着孩子做 1 道题，然后画出有 6 个小段的线段，直到孩子说出正确的算式。从而引出数角和数三角形的方法：先数出最小的有多少个，然后依次"下楼梯"相加。

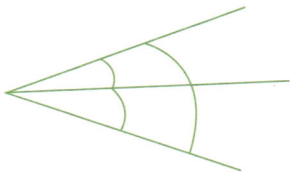

$$2 + 1 = 3$$

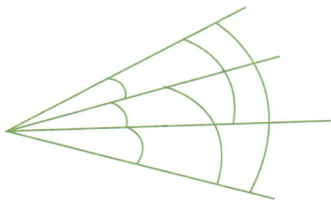

$$3 + 2 + 1 = 6$$

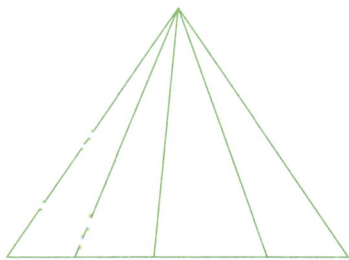

$$4 + 3 + 2 + 1 = 10$$

家长第 **3** 次教学

教学内容 数正方形

教学方法： 数正方形的方法和数三角形的方法有相同之处也有不同之处，相同之处在于都是用分层法，先数出最小的有几个，再数出由小的正方形组成的大正方形有几个；不同的是，不是任意几个小的正方形都能组成大的正方形，所以数正方形不能用"下楼梯"的方法计算。根据孩子现阶段的能力，暂时只要求掌握 4 宫格、9 宫格题形。具体互动如下。

妈妈：宝贝儿，我们已经掌握了数线段、数角、数三角形的方法，那我们今天来看看数正方形的方法是不是一样的。（由孩子说出算式，妈妈再把方法讲解一次，告诉宝贝还是分层，但不是所有小的正方形都能组成更大的正方形，比如 2 个正方形就不能组成更大的正方形，所以不能用数字"下楼梯"的方法计算。比如 4 宫格，先数小的正方形有 4 个，4 个小的组成 1 个更大的正方形，所以一共有 $4+1=5$ 个；9 宫格，最小的正方形有 9 个，4 个小的正方形又组成 4 个大的正方形，9 个小的正方形组成 1 个最大的正方形，所以 $9+4+1=14$ 个。家长指给孩子看）

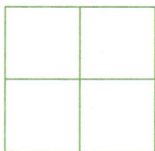

$$4+1=5$$

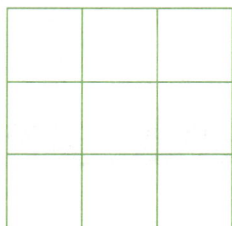

$$9+4+1=14$$

认识人民币

教学目的

教导孩子认识元、角，认识元角之间的换算，会用元角解决生活中简单的购物问题。

家长第 **1** 次教学

教学内容 教会孩子钱有大小的概念，懂得基本的换算

教学方法：很多小朋友在此之前并没有认真思考过钱的大小关系，所以我们可以把生活中最常用的几种人民币面值给孩子介绍一下，让孩子对人民币有大概的认知。具体互动如下。

妈妈：宝贝儿，我们每天都要花很多钱，那你知道钱有哪些面值吗？（由于现在基本上都是数字支付，孩子平时接触到纸币

的机会不多，所以会有五花八门的答案，比如 3 元、500 元等）

妈妈：其实我们的人民币面值并不是很多，（有条件可以准备不同面值的纸币，若没有实物可以口头告诉孩子）常用的面值有 100 元、50 元、20 元、10 元、5 元、1 元、5 角、1 角，我们今天来比比它们谁最大呢？

孩子：100 元最大。

妈妈：对了，所以 100 元就是"大哥"了，那你说 100 元可以换几个 50 元呢？（很多小朋友能说出 100 元能换 2 个 50 元，因为前面已经学过 100 以内的加减法）

妈妈：所以 100 元 =（2）个 50 元，那 100 元里又有几个 20 元、几个 10 元、几个 5 元呢？

妈妈：100 元 =（2）个 50 元 =（5）个 20 元 =（10）个 10 元，这样我们就把它们的换算解决了。

妈妈：在 1 元的下面还有角这个小朋友，和 100 元 =（10）个 10 元一样，1 元 =（2）个 5 角 =（10）个 1 角。

妈妈：那接下来我们学习一个复杂的换算题。（对于复杂的题目，不管孩子愿不愿意尝试，家长都应该把每一道题的换算过程给孩子解释清楚，本次教学不要求孩子熟练换算，但要求孩子能够清楚复述妈妈讲述的 4 道例题。因此家长讲解后，可以让孩子再讲一次，家长纠正补充）

3 元 =（30）角（因为 1 元 = 10 角，3 元里就有 3 个 10 角，所以是 30 角）

40 角 =（ 4 ）元。（因为 1 元 = 10 角，40 角里面有 4 个 10 角所以是 4 元）

2 元 3 角 =（ 23 ）角。（因为 2 元 = 20 角，20 角再加后面 3 角是 23 角）

54 角 =（ 5 ）元（ 4 ）角。（因为 54 角里有 5 个 10 角和 1 个 4 角，5 个 10 角是 5 元，所以 54 角 = 5 元 4 角）

家长第 2 次教学

（教学内容）孩子独立解答上次课程内容

教学方法：先让孩子把上节课的内容复述一遍，家长纠正补充，然后让孩子独立完成一些题目，并且由孩子来讲解。若孩子回答错误，家长纠正后，让孩子再讲解一遍。题目参考如下。

3 元 7 角 =（ ）角　45 角 =（ ）元（ ）角　5 元 =（ ）角

100 元 =（ ）个 50 元 =（ ）个 20 元 =（ ）个 10 元

家长第 3 次教学

（教学内容）解决简单的生活购物问题

教学方法：这次课程可以让孩子明白钱在生活中怎么运用，了解什么时候可以直接加减计算，什么时候需要先换算再计算，也能掌握一些生活常识，体会到人民币的购买意义。具体互动如下。

妈妈：宝贝儿，你现在已经知道人民币的面值是怎么换算的了。今天你就是小小调查员和采购员，我们要去采购食物。（在黑板上板书题目，有条件的在本次教学前先带孩子去一次菜市场或者超市，了解一下小蛋糕、鸡蛋等常见食物的价格）

例题1：宝贝买了一个小蛋糕23元，买了一袋苹果30元，一共花了多少钱？

讲解：这个题目孩子应该是会做的，我们讲解的重点是告诉孩子它们的单位是一样的，都是元，所以可以直接加减。

例题2：宝贝买了一支铅笔2元5角，一个本子8角，铅笔比本子贵多少钱？

讲解：这种"比多少用减法"的题孩子应该也不陌生，我们讲解的重点在于告诉孩子需要先把单位换成一样的，把2元5角换成25角，再用25角减去8角等于17角。

例题3：宝贝刚刚去帮妈妈买了一个鸡腿6元3角，一把小葱1元2角，一共花了多少钱？

讲解：这道题我们讲解的重点是要告诉孩子题中虽然有2个单位，但可以同单位直接加减，用元加元、角加角。6元加1元等于 7 元，3 角加 2 角等于 5 角，所以一共用了 7 元 5 角。

妈妈：我们发现单位相同时可以直接加减，单位不相同时要先把单位换算成一样的。

教学内容 阶段小测试

教学方法：本次测试的内容主要是巧数图形和认识人民币，顺序依然是考前叮嘱，考中监督，考后讲解总结，最后再让孩子复述。题目参考如下。(家长可以辅助读题)

例题 1：小明买了一块肉 5 元 3 角，买了一个本子 7 角，肉比本子贵多少钱？

例题 2：3 元 2 角 =（ ）角　47 角 =（ ）元（ ）角

例题 3：数出下面有多少条线段、角、三角形。(请孩子写算式)

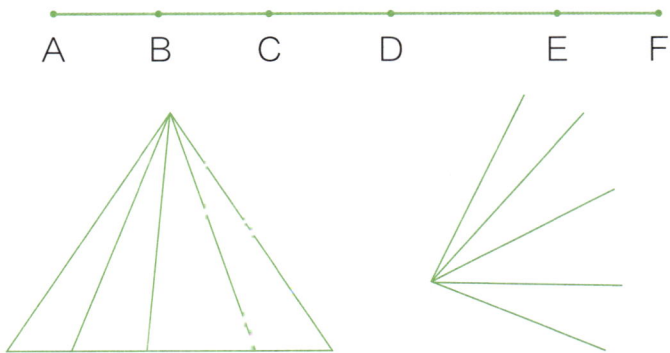

A　　B　　C　　D　　E　　F

等量代换

教学目的

等量代换的教学目的主要是帮助小朋友建立替代思维、整体思维，学会曲线思考，对孩子后面学习灵活性的提高很有帮助。

家长第 **1** 次教学

教学内容 理解等量代换的意思

教学方法： 等量代换是一个专业的数学名词，家长可以运用孩子比较熟悉的生活场景，让孩子明白为什么需要用到等量代换，以及等量代换该怎么使用，具体互动参考如下。

妈妈：宝贝儿，现在你的好朋友遇到了一点困难，他看到这样的一幅图不知道是什么意思，你能看懂吗？

🐟 = 🍎🍎　　🍎 = ⬭⬭⬭⬭　　🐟 = ? ⬭

妈妈：这幅图的意思是 1 条鱼等于 2 个苹果，1 个苹果等于 4 个鸡蛋，问 1 条鱼等于多少个鸡蛋？（需要家长一边板书，一边讲解图片含义，我们从一开始就要培养孩子透过现象看本质的能力，能够把图片信息转换为数学语言）

妈妈：我们要先将图片内容讲成一个故事，然后仔细观察鱼、鸡蛋、苹果的关系。1 条鱼等于 2 个苹果，1 个苹果等于 4 个鸡蛋，2 个苹果也就是 4 + 4 = 8 个鸡蛋，这样就能算出来 1 条鱼 = 8 个鸡蛋了，我们通过中间共有的关系来进行等量代换，就可以解答这道题了。

妈妈：宝贝儿，刚才我们已经讲过这个故事，但还有 1 道题我看不懂，你能再帮妈妈一次吗？（家长让孩子先说，并且充分肯定孩子讲得好的地方）

△ = ○○○　　○ = ▢▢　　△ = ? ▢

孩子：这个图的意思是 1 个三角形等于 3 个圆，1 个圆等于 2 个正方形，1 个三角形等于多少个正方形？我们发现三角形和正方形都和圆有关系，所以我们可以通过圆来换算，1 个三角形等于 3 个圆，1 个圆等于 2 个正方形，所以 1 个三角形就是 2 + 2 + 2 = 6 个正方形。（在宝贝讲完后，妈妈可以补充讲解，然后请孩子给家里其他成员讲一次）

家长第 2 次教学

教学内容 认识数字替代法

教学方法：本次教学重点在于能够让孩子更进一步进行图文互译，看到图片就能翻译成数学语言，和上节课的区别是，本节课更注重计算，具体互动内容可参考如下。

妈妈：宝贝儿，有些题目是不需要替换的，它直接要我们计算，现在我们来学习下面这道题。

$$\star + \star + \star = 6, \quad \star = (\,?\,)$$

妈妈：这个图的意思就是 3 个五角星相加等于 6，求五角星等于多少，那我们应该怎么解答呢？我们可以把五角星当作一个数，这样就变成 3 个相同的数字相加等于 6，那这个数字会是几呢？（如果孩子回答错误，可以再换图形，比如 2 个三角形等于 8，求三角形代表数字几，直到孩子掌握这种解题思路）

妈妈：对于这种题我们只需要把图形想成一个数字就可以了，下面我们再解答 2 道题。

$$\triangle + 2 = 5 \qquad \triangle = (\,?\,)$$

$$\bigcirc - 4 = 3 \qquad \bigcirc = (\,?\,)$$

妈妈：（先让宝贝说出答案）我们把三角形和圆都想成一个数字，这样就变成了（　　）＋2＝5，我们知道3＋2＝5，所以三角形就等于3；（　　）－4＝3，我们知道7－4＝3，所以圆就等于7。

家长第 **3** 次教学

教学内容 认识整体替代法

教学方法： 本次学习难度较大，应该启发孩子观察和之前题目的区别，启发孩子通过比较不同算出答案，具体互动如下。

妈妈：宝贝儿，我们已经"打怪"2级了，今天我们再加油一次，就可以战胜这个终极大"怪兽"了，它比之前的"怪兽"更厉害，所以我们要格外小心哦。妈妈给你画图，你好好观察一下。

$$\bigcirc + \triangle = 5, \quad \bigcirc + \triangle + \triangle = 7$$

$$\bigcirc = (\ ?\ ) \qquad \triangle = (\ ?\ )$$

妈妈：宝贝儿，你先把这个题目的意思给妈妈讲解一下。（孩子可能不会或者表达不全，家长可以帮忙补充：1个圆加1个三角形等于5，1个圆加2个三角形等于7，问圆等于多少，三角形等于多少？）

妈妈：宝贝儿你看，这道题和以前的题有些区别，一个算式里又有圆又有三角形，所以我们不能单独算出来。妈妈今天教你一个新办法，如果看到一个算式里有很多个图形，我们可以比较它们的区别，你看它们的区别是不是第2个算式比第1个算式多了1个图形？

孩子：多了1个三角形。（妈妈圈出来）

妈妈：对了，我们发现它多了1个三角形，那数字多了几呢？（可以引导孩子看左边是5，右边是7）

孩子：多了2，7－5＝2。

妈妈：所以多出来的三角形就是2了，我们可以在左边短式子的三角形上写个小小的2，提醒自己三角形等于2，（同步板书）然后我们再思考，几加2等于5，很快就可以算出圆等于3了。（可以让宝贝复述一下这个题目的解题思路，妈妈加以纠正和补充）

妈妈：好的，妈妈觉得你真棒，那么我们再来看最后1道题，看看我们是不是真的学会了。

$$\bigstar + \bigstar + \bigcirc = 7,$$

$$\bigstar + \bigstar + \bigstar + \bigcirc = 8$$

妈妈：（由孩子先观察计算，妈妈再讲解补充，孩子再完整讲述，强化宝贝的解题思路）我们先观察它们的区别，圈出多的五角星，是这个五角星让和从 7 增加到了 8，所以五角星就是 8−7＝1，然后我们把 1 写到左边短式子中的五角星上面，这样我们就能算出圆等于 5 了。

"爬楼梯"和"锯木头"

教学目的

"爬楼梯"和"锯木头"是小学最常用的一种思维方式。可以通过沉浸式的学习让孩子充分理解楼和层的关系,从而理解"锯木头""剪纸条"等相关问题。由于孩子没有学习过乘法,我们使用加法教学,教学目的不是学会复杂的计算,而是从本质上理解此类问题。

家长第 **1** 次教学

教学内容 认识"爬楼梯"

教学方法: 这个内容的教学可以结合我们的生活给孩子讲解,每次教学时都可以先从小的数字开始,启发孩子思考。具体互动如下。

妈妈：宝贝儿，妈妈问你一个平时经常遇到的事情可以吗？如果你从 1 楼爬到 2 楼，你需要爬几层呀？（我们可以带孩子去实地走一下，也可通过简易的图画来帮助理解）

| 5楼 |
| 4楼 |
| 3楼 |
| 2楼 |
| 1楼 |

妈妈：宝贝儿，我们发现从 1 楼到 2 楼只需要爬 1 层。（依次类推，可以分别得出：从 1 楼到 3 楼只需要爬 2 层，从 1 楼到 4 楼只需要爬 3 层，从 1 楼到 5 楼只需要爬 4 层……）

妈妈：现在妈妈来跟你比赛，看谁反应快。（妈妈和孩子互相出题，比如妈妈说我从 1 楼到 9 楼要爬几层，我爬了 7 层到了第几楼，游戏结束之后再与孩子共同总结一下，得出楼数比层数多 1、层数比楼数少 1 的结论。通过这样的互动形式，可以充分调动孩子的参与感，同时还可以培养孩子的逆向思维）

家长第 **2** 次教学

教学内容 认识"锯木头"

教学方法：可以先让孩子复习"爬楼梯"的要点，并可以随机出 2 道题，检测孩子是否理解。"锯木头"和"爬楼梯"有很大的相似性，孩子理解起来会比较容易，具体互动参考如下。

妈妈：宝贝儿，上次我们学会了楼和层的关系，今天妈妈再教你一个小游戏，我们来剪绳子。（如果没有绳子可以用细长的纸条代替）

妈妈：宝贝儿，妈妈指挥你来操作可以吗？在绳子的中间剪一次，绳子分为了几段？（让孩子用剪刀、绳子等实物操作，妈妈同步在黑板上画图，剪之前可以让孩子根据他现有的理解说个答案，然后用实践来验证，印象会更深刻）

孩子：2 段。（妈妈总结，所以剪一次就是 2 段）

妈妈：宝贝儿，现在剪 2 次你看有几段？（依次剪 3 次、4 次、5 次）

妈妈：宝贝儿，你发现了吗，这和我们讲的"爬楼梯"是类似的，段数比我们剪的次数多 1。（然后通过正反练习，加强理解，如剪 5 次可以得到几段，要剪成 9 段需要剪几次）

(教学内容) 学会简单的计算

教学方法：本次教学要求不高，仅需要孩子掌握简单的加法逻辑，具体互动参考如下。

妈妈：宝贝儿，我们前面已经学过"爬楼梯"和"锯木头"了，这已经很厉害了，但是妈妈有个问题还没解决。假如妈妈每爬一层楼梯需要2分钟，那我爬到5楼需要多少时间呢？（可以先让孩子思考一个答案）

妈妈：我们可以这样想，爬到5楼需要爬4层，每层需要2分钟，所以4层就是4个2，$2 + 2 + 2 + 2 = 8$，这样我们就算出来等于8分钟了。